先 秦

疊疊樂

胡其瑞／著

王　平／繪

三民書局

國家圖書館出版品預行編目資料

先秦疊疊樂／胡其瑞著;王平繪.－－初版二刷.－
－臺北市: 三民, 2018
面;　　公分－－(兒童文學叢書/歷史遊戲王)
ISBN 978－957－14－6271－4　　(精裝)
1.先秦史 2.通俗史話
621　　　　　　　　　　　　　　　　106000169

© 　先秦疊疊樂

著 作 人	胡其瑞
繪 　 者	王 平
企劃編輯	蕭遠芬
責任編輯	黃毓芳
美術設計	郭雅萍
發 行 人	劉振強
著作財產權人	三民書局股份有限公司
發 行 所	三民書局股份有限公司
	地址　臺北市復興北路386號
	電話　(02)25006600
	郵撥帳號　0009998-5
門 市 部	(復北店) 臺北市復興北路386號
	(重南店) 臺北市重慶南路一段61號
出版日期	初版二刷　2018年6月
編 　 號	S 630461

行政院新聞局登記證局版臺業字第○二○○號

有著作權・不准侵害

ISBN　978-957-14-6271-4　　(精裝)

http://www.sanmin.com.tw　三民網路書店
※本書如有缺頁、破損或裝訂錯誤,請寄回本公司更換。

歷史遊戲王

　　「你喜歡歷史嗎？」問到這個問題，大概搖頭的人比點頭的人多吧！老師上課，只要一講到課本中的許多人名、地名，很快就會把大家的瞌睡蟲給招來了。

　　「這怎麼行！」一群熱愛歷史的叔叔、阿姨聽到馬上跳起來，大家七嘴八舌，決定進行一場神祕任務，讓小朋友重新認識歷史，並且愛上它。

　　「該怎麼做呢？」我們想到把歷史和小朋友最喜歡的遊戲結合起來，推出一系列的「歷史遊戲王」，把中國歷史變成各式各樣有趣的遊戲：

　　你可以在夏、商、周大玩疊疊樂，看看古人如何建立社會制度，再變身為新時代；

　　在秦漢魏晉南北朝加入大富翁戰局，搶奪中國地盤上最強的皇帝寶座；

　　當然，你更要一起大話隋唐，跟英雄們找尋戰友，一步步踏上天下霸主的位置；

　　還有舉行歷史爭霸戰，宋朝、元朝的皇帝需要你來幫忙，成為擂臺盟主；

　　來到明清時代，職業扮裝秀帶我們體驗，成為各行各業的達人；

　　最後，魔幻守護者要解決晚清民初的各種挑戰，需要你一起動動腦筋了。

　　「哇！這真是太豐富了！」雖然我們利用遊戲的概念包裝歷史，但是真正精彩、吸引人的是歷史本身。許許多多的歷史人物、故事串成歷史，而這條時間的長河，也帶著人們向前行。三民書局為小朋友量身打造這套中國歷史，希望小朋友看完了以後，可以很高興的和朋友分享：「歷史，真是超～級～有～趣～！」

　　1902 年，德國考古學家科爾德威 (Robert Koldewey)，在今天伊拉克首都巴格達南方約七十五公里，發掘了被風沙掩埋千年的古巴比倫。走在尼布甲尼撒二世所建的壯麗城門，科爾德威在城牆上解讀出來的第一句話是：

　　「過去的一切被現在制定著，現在的一切被未來制定。」

　　遠在二千多年前，巴比倫人就意識到歷史是現代人所書寫，充滿後設與偏見。胡適則將歷史比喻成一位小姑娘，任人打扮。各朝各代，都有自己的審美取向，今人打扮古人，後人也會打扮今人。

　　爬梳前人所留下的筆跡墨痕，文字與想像所織就的虛妄，遺址與廢墟所構築的迷茫，其中有太多太多的話語縫隙，給了我們重新品讀歷史的可能，在流轉的過往中尋找新的意義。

　　對於大人而言，歷史負載了太多的使命與任務，知識面、政治面、道德面……，但歷史在孩子眼中，又是什麼模樣？

　　褪去了種種試圖加諸歷史的外衣，孩子們可以全心感受歷史的迷人之處：傳說故事的曲折離奇，引人入勝；群雄爭霸或一統帝國的雄心壯志，成王敗寇；文化藝術凝結的瑰寶，更是燦爛輝煌。歷史如同一篇篇的樂章，傳唱他們的故事。在史蹟與偉人的榮光裡，看到一個時代的理性與瘋狂，進步與反動、昇華與墮落，那是時代的聲音。

　　讀歷史，是一場遊戲。

　　在競爭與合作的趣味中，處處是人性的紋理。三民書局「歷史遊戲王」建起一座遊樂場，透過孩子熟悉的遊戲模式，傳達中國各時代的精神與歷史意義，例如用疊疊樂的概念比擬上古時代文化和制度的奠基與崩壞，又如用大富翁遊戲讓孩子了解秦漢到隋唐之間的地盤爭勝⋯⋯。

　　那麼，讀歷史，有用嗎？

　　歷史不是積塵的老古董，審視那些充滿血性與骨質的細節，會令我們感受生活的炎涼與無常，人世的無情與哀傷。閱讀歷史，是一場探究人心、理解人心的冒險，是一趟哥倫布式的精神發現，穿越無知的汪洋，抵達理性、知性與感性的彼岸。

　　啟程吧！帶領孩子一同進入歷史的探索冒險！點燃他們對歷史興趣的火苗！

作家節目主持人

謝哲青

作者的話

「我們並非因為老了而不再愛玩，反倒是因
為我們不再愛玩而開始變老」

～蕭伯納，1856～1950

　　大家應該都有這樣的經驗吧？看著架上琳瑯滿目的歷史故事出版品，到底哪一本才是值得帶回家細細品味的呢？長久以來，「歷史」給孩子們的印象是沉重的：既是硬梆梆的年代與事件名稱，又是你否定我，我推翻你的史觀論戰，難道，讀歷史就不能愉快點嗎？

　　這些年，「創意」似乎變得很熱門。文化要搞文創，教學要有創新，學校對孩子的要求也是得有創造力。但是，在追逐文創、創新與創造力的同時，排山倒海的法令限制、教學評鑑與升學壓力，又把這些「創意」通通擠向了詭異的死胡同，就像各地一成不變的「老街」一樣，許多立意甚佳的創意，都走向了「既沒有創也沒有意」的結局。作為一個遊走在童書創作與學術研究的穿越者，我其實很期待童書的歡樂可以注入在沉重的學術框架裡，讓學術研究的作品，可以不要只在小眾世界流通，而能夠走入每個人的世界，發揮學術研究該有的影響力。

「玩歷史」或許可以當作是一個開始。

其實很多人都喜歡歷史，只是大部分的人不喜歡「學歷史」，因為一提到「學」好像就會跟「考」聯想起來，而中學時代整天背誦歷史的慘澹歲月又飄進大家的腦海裡。在我看來，其實我們把歷史當成知識來學習，本身就是一種錯誤；歷史，應該是一種「看事情的方法」。

唐太宗時代的名臣魏徵說過：「以史為鑑，可以知興替。」歷史是為了鑑戒，讓人們不要重蹈前人的覆轍，所以，魏徵強調的是歷史的「功能性」而不是它的知識性。我們學習歷史，重點不在於歷史的事實（因為歷史並沒有辦法呈現100%的「事實」），而是歷史帶給世人的影響。也正因為如此，我們傳授孩子們看歷史的方法，至於歷史的事實，就讓孩子自己去找答案吧？育兒專家不是告訴我們「給孩子魚吃，不如教他如何釣魚」嗎？為什麼我們就不相信「給孩子歷史，不如教他們如何看歷史」的道理呢？我們期待這個社會是個喜歡歷史的社會，讓大眾可以獨立思考，而不是傳媒「餵」你什麼，你就信什麼；別人的臉書貼什麼，你就跟著轉貼什麼。當孩子們在玩歷史的過程中，建立起對歷史的興趣，進一步去探索事件發生的原因，然後建立孩子們判斷事情的能力。而且，就像蕭伯納說的，「我們並非因為老了而不再愛玩，反倒是因為我們不再愛玩而開始變老」，玩歷史不是只是孩子們的權利，孩子的爸媽也可以一起來玩，因為，「歷史」也是可以好好玩的。

先秦
疊疊樂

文明，是疊出來的

這是一本以疊疊樂桌遊為主題的歷史故事書，從舊石器時代一直寫到戰國末年，因為都是發生在秦朝以前的歷史，所以定名為《先秦疊疊樂》。故事的時間大概開始於西元前五十萬年前（中國開始有人使用火）一直講到西元前 221 年秦滅六國一統天下。所以，在這跨越了至少五十萬年的時間裡，要濃縮在一本小書中並寫得鉅細靡遺是有困難的；然而，這段漫長的歷史，卻又是整個中國文明奠基的時代，無論是政治、軍事、社會文化，乃至於宗教禮俗，都在這段時間裡一點一滴被堆積起來，就像貫穿本書的「疊疊樂」一樣，文明就是這樣站在先人的智慧與成果上被堆積起來的。

然而，就像疊疊樂的玩法一樣，總是會被人抽出一兩根疊疊塊而導致疊疊塔搖搖欲墜甚至崩塌，文明也是如此。人們為了自己的私欲，破壞了原有的規則，讓疊疊塊出現裂痕，甚至瀕臨崩壞；但好在總是有人能夠出來穩定局面，讓人類的文明疊疊樂可以持續往上堆，成就了今日你我生活的美好世界。只不過，這段時期有著將近數萬年的歷史是沒有文字紀錄的，所以這段稱為傳說時代的歷史，都是靠著口耳相傳才能被後代的人記得。也因此，在這本書中，我將傳說時代的歷史，以想像的方式描寫，雖然

不是真的歷史，但卻也是文明疊疊樂堆疊起來的過程。

在漫漫的歷史長河裡，有文字記載的時刻不過數千年而已，而在此之前的數萬年時間中，人們靠著摸索、嘗試、失敗、再嘗試的過程才促成了今日便利的生活。當我們扭開水龍頭就有水，點起瓦斯爐就有火，打開冰箱就有食物時，是否曾經想過，這些都不是一蹴可幾的成就。就像疊疊樂一樣，各位玩家，也就是歷史上的每一個人，必須小心翼翼、仔仔細細，深怕一個不小心，就把辛辛苦苦建立起來的成果毀於一旦。因此，當我們享受著現代的一切便利時，不要忘記先人們一路走來的艱苦辛酸，也更應該好好珍惜我們所擁有的一切。

必需要先說明的是，在這本書裡，先秦疊疊樂的每一個疊疊塊都是有意義的，也都是一個文明的成果。在這故事中的每個角色，他們的每樣辛苦結晶，都會化成一個疊疊塊，然後疊在「文明疊疊塔」之上。然而，當有人試圖想要破壞時，疊疊塊的裂痕，就會導致疊疊塔的穩固出現危機。遊戲雖然很簡單，但是每一個疊疊塊卻得來不易，每一個疊上去的過程在現實的世界中可能得花上數十年，或千百年，甚至更久的時間。所以，準備好了嗎？讓我們一起來「先秦疊疊樂」吧！

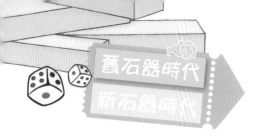

一、嶄露曙光的文明：
從舊石器到新石器

1. 火之歌

　　滾滾的河水，拍打著黃土堆積的河岸，這裡的河水還是相當清澈的，誰也沒有想到，在過了千百年後，這條河會因為泥沙的淤┐積，而呈現出混濁的顏色，被人稱之為「濁河」，或者後來更被命名成「黃河」。河邊上住著幾戶人家，靠著在河邊捕魚，或是在山林裡打獵為生。傳說，第一個文明就是在這裡誕生的。

　　那個故事是這樣說的：有一個住在河邊的孩子叫作阿火，打從阿火懂事以來，天天隨著大人們上山下河，練就了一身好體力。有天，阿火跟幾個孩子在河邊抓魚。

　　「你有沒有聽說，阿大的爸爸那天被跑到村子裡的老虎給咬傷了？」一個小朋友說。

　　「是啊！」阿火說，「好可怕喔！還好之前有巢┐伯伯教我們把房子蓋在樹上，這樣真的安全多了！」

　　「還有伏羲┐伯伯啊！他教我們怎麼編網子捕魚，還有製作抓動物的陷阱。讓我們不用一直摘樹上的果子才能填飽肚子。」

結網捕魚

很早很早以前，肚子餓的人們只知道從野生的植物上摘些果子或能吃的部分當作食物，偶爾可能在野地裡或河岸旁撿到一些死掉的動物或小魚來吃。但畢竟這些食物都不是那麼好吃，而且吃了還會拉肚子。後來人們開始學會利用工具，或是用繩索結成網子來捕魚和打獵，取得比較新鮮的食材，也補充了生活需要的營養。

「不曉得伏羲伯伯是怎麼想到這些辦法的？」阿火好奇的問，「我覺得用他上次幫我編的網子來抓魚，真的好方便！」

「我聽說……」另一個孩子神祕的說，「伏羲伯伯曾經找到一個奇妙的 結網捕魚 ，上面用石頭刻畫著漁網啦！陷阱啦！還有一些抓動物技巧的圖，所以他才會知道這麼多了不起的方法。」

好期待全魚大餐喔！

這比以前用魚叉方便多了

「好棒喔！我也好想看看那個神祕的疊疊塊……」阿火正在想的時候，幾個孩子聽到爸媽喊吃飯，一窩蜂跑回家了，留下阿火獨自一人在河邊。

突然間，天空一陣閃光，接著是一陣隆隆的巨響，閃光打在阿火身後的一棵樹上，剎時間，整個樹燒了起來，散發出橘紅色的光芒，忽明忽暗的。

聽到巨響的村民紛紛從家裡跑出來，圍著大樹好奇的觀看。阿火靠近那棵被閃光擊中的大樹，大樹周圍變得好溫暖，而且，藉著大樹所散發出的光，讓原本已經變暗的四周，顯得更加明亮。如果阿火沒有看錯的話，原本在河邊似乎有幾頭犀牛因為看到了這個光芒而逃走了。

「好香！」一個孩子本來手裡拿著一條剛抓到的魚啃著吃，一不小心失手掉到燃燒的大樹下，當他把這條魚撿起來的時候，發現被燃燒的大樹碰過的魚，變得格外的好吃。

幾個大人如法炮製，也回家割下幾片動物的肉，在大樹旁邊烘烤，陣陣的香味讓饑腸轆轆的村民顧不得燙，便大口大口的吃起來。

「這到底是什麼東西啊？阿火？」長老問著。

「我也不知道耶！我只知道有一道大閃光從天而降，打在樹上，就變成這樣了。」

火的使用

　　火的使用，是人類文明中很重要的一件事。會使用火的人們，不用在沒有月亮的晚上摸黑走路；野獸也不敢隨意接近有火的村莊；經過火燒烤的食物不但變得更好吃，吃了也不會肚子疼。到目前為止，都還沒有發現其他的動物會使用火，因此，火的使用，是分別人類與動物的主要能力之一。

　　為了紀念阿火的奇遇，長老把這個會燃燒，會燙，可以把食物變好吃的新發現叫作「火」。而且他們發現，只要拿著木塊、樹枝去靠近火，就可以將火傳遞下去。這就是火焰的由來。

可是有一個問題：火是會熄滅的。一旦火熄滅了，要等下一次天上降火下來，總是得等很久。於是，大家得輪流在火上面添加木頭、樹枝、或是其他可以燃燒的東西，要是輪班的人不小心睡著，讓火熄滅，那可糟了。而這糟糕的事，就發生在阿火的堂哥「燧条人」身上。

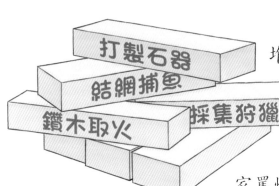

打製石器
結網捕魚
鑽木取火
採集狩獵

話說這天輪到燧人顧火堆，沒想到燧人打起瞌睡，等他張開眼睛時，四周又像以前一樣變得黑漆漆了。「糟了糟了！這下一定會被大家罵慘了！」燧人緊張極了。突然間，他隱隱約約看到樹林間發出一閃一閃的亮光。燧人循著光線走去，亮光是從一棵樹上發出來的。仔細一看，是一隻鳥，正用牠的尖嘴巴啄東西。燧人爬上樹，發現樹上有一處被鳥啄出了小洞。燧人用手摸摸小洞，溫溫的，還有一點點的火星。燧人突然靈光一閃，立刻跑回火堆旁，拿著一根木棍，學著鳥兒的尖嘴巴，在一塊木頭的凹洞上搓啊搓的。起初，可以看到一點點的煙，然後就看到紅紅的火星。燧人趕緊拿了一把乾草放在火星旁，果真引燃了乾草，火越燒越旺，一下子就把滅盡的火堆又重新燃起了火焰。燧人高興得大叫，這下子再也不用靠著等待天火來取火了。為了紀念燧人的發現，這塊木頭，就被人稱為鑽木取火，成為文明進展的見證。

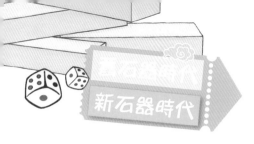

2. 石器的改良

「火系」的兩大疊疊塊讓文明向前跨了一步，「石系」的疊疊塊也扮演了舉足輕重的地位，那個故事是這樣流傳的：

「唉唷！又敲壞了！」大頭原本打算做一把石斧，一不小心用力過猛，把最重要的前端給敲壞了，「好不容易才找到這塊大小合適的石頭，」大頭懊惱的說，「沒想到這麼脆弱，一敲就碎了！」

「是你敲的方法不對吧？」阿光在一旁說道，「你把大石頭先用砸或摔的方式打出石片，這時候你應該要放在石板上，用石槌慢慢敲出你要的樣子，哪有像你這樣粗手粗腳的？」

「說的倒容易，慢慢敲要敲到什麼時候啊？」大頭嘟嘟嚷嚷的說。

大頭和阿光是村子裡製作石器最厲害的人，舉凡打獵用的石斧，切肉用的石刀，挖掘用的石鑢，都是他們倆的拿手作品。因為大部分的石器都是用砍砸的方式敲打出來，常常一不小心就敲壞了，所以石器的製作真的不是件容易的事。

這天，大頭敲壞了石斧，心情正壞，拿了兩塊失敗品在手上把玩。無意之間，卻發現這兩塊石頭相互摩擦的那一面，變得格外光滑。阿光在一旁看了，便

先秦疊疊樂

把手上做到一半的石斧拿來磨。沒想到打磨的那面越磨越光滑，翻過面繼續磨，磨出來的石斧，既平整又銳利。大頭把石斧綁上木棍，拿去砍劈外頭的樹木，果然比原來靠敲打製作出來的石斧好用得多。

不光這樣，阿光還發現，除了石頭以外，像是野獸的骨頭、河裡頭的貝殼這些原本沒什麼用處的東西，經過了磨製以後，也可以製作成非常漂亮的東西。阿光拿了繩子把這些東西串了起來，掛在脖子或是手腕上，顯得特別好看。

鄰居們紛紛跑來，跟阿光和大頭學做磨製的石器、骨器和飾品，讓他們家頓時成了村子裡最熱鬧的地方。這就是 磨製石器 的由來。

石器的製作

　　石器的製作分為不同的時期，早期的人們利用砍、砸、刮、削這些方式來製作石器工具，這些方式製作的石器比較粗糙，所以這個時期也叫做「舊石器時代」。後來，當人們發現用磨製方式，可以讓石器更加精細，並且能夠製作出更鋒利的武器時，文明就進入「新石器時代」了。

　　村子裡的獵人們，用骨頭磨成弓箭的箭頭和尖尖的標槍，無論是山裡頭的野獸，或是水裡頭的魚，這些新式的武器都讓獵人們收穫豐碩；一些村民則用磨製出來的鐮刀，更方便於採集水果和植物。他們把大把大把的糧食從各地採集回來，村子裡的家家戶戶，都過了一個不為食物發愁的冬天。

3. 農業時代來臨

可是光用採集和漁獵的方式取得食物，總是沒有那麼穩定，萬一遇上成群結隊的猛獸，生命也會受到威脅。而 農耕 正好解決了這個困境。那又是另一個故事了：

某一年的春天，住在村口的花大姊一行人正準備照著往常的路，到另一個山頭摘些果子和可以吃的植物回來。她在村外沒多遠的泥土地上，看了一些好像才剛長出來的植物。

「咦？這個植物我好像在哪裡看過耶？」花大姊好奇的說，「這有點像小米的苗，可是小米不是長在山的那一頭嗎？」幾個婦女七嘴八舌討論了半天，得出了一個結論。原來，去年她們到山的那頭採了好幾把小米，回到村外休息的時候，無意間漏了一些小米在原地。

「說不定，是那幾把小米長出來的。」花大姊半信半疑的說。

「那我們把這塊土挖回去，看看會不會長成小米就知道啦！」幾個婦女想出了這個點子。於是，她們把長著綠芽的土塊，挖出來搬回村子，疊在村裡比較濕潤的那塊地上，成了 農耕 ，以後每次外出採集的時候，還

不忘替這些植物澆澆水，拔拔長出來的亂草。幾個月過去，真的被花大姊料中，這些苗長成了小米。所以，只要好好照料，這些小米的種子，就可以長出新的小米。持續種下種子，小米便能不斷收成，生生不息。

幾個聰明的村民也發現，吃剩水果的籽ㄗ，或是吃不完爛掉的水果，丟在地上，也會長出能結水果的樹來。他們不斷嘗試新的種植方法，並且在村子附近平坦有水源的地方規劃了種植用的農地，春天播的種，到了秋天就能收成，收成的作物，成為大家過冬的糧食。看來，生活可以越來越好了！

有了足夠的食物，讓人們開始可以不用終日為了找尋食物而發愁，也多了很多時間可以發揮他們的聰明才智，多多創造一些新的疊疊塊。而人類的文明，也即將由嶄露曙光的階段，繼續向前走了。

聚落形成
飼養家畜
磨製石器
農耕
舊石器時代

從漁獵採集到農耕

　　新石器時代的另一個特徵是人們由捕魚打獵和採集的方式,進入到農耕的社會。靠著自己的種植,讓人們的食物來源穩定多了,而為了讓農耕更輕鬆,人們又發明了許多方便的工具。加上人們學會了飼養家禽、家畜的方法,既不用到森林曠野去打獵,也可以穩定的獲得蛋白質等營養,人們的身體變得強壯,大腦也變得更聰明了。

新石器時代

二、向前進的文明：
從村落到國家

1. 仰韶文化

　　大概六、七千年前左右，在一個現在被稱為仰韶的村落裡，村民們利用陶土做成了許多美麗的陶器，成為他們生活中不可以缺少的必需品，有了陶器，無論烹煮食物或是存放作物，都方便了許多。有段故事就流傳在這個叫作仰韶的村子裡。

　　「爸，這陶器到底是誰發明的啊？」一個住在仰韶村的孩子小玉好奇的問。

　　「喔！這個得從我爸爸的爸爸之前不知道何時說起。」爸爸慢條斯理地說，「那個時候，他們都拿草繩綁成網狀的袋子裝東西，但是，網子裡的東西常常掉出來。有人突發奇想，把袋子裡面糊上一層泥。這樣東西不但不會露出來，偶爾還可以裝點水，口渴的時候喝。」

　　「後來有一次，不曉得是誰，不小心把這糊了泥的袋子掉到火堆裡，這人想：『算了，再重新做一個吧！』於是就沒怎麼管那掉在火裡頭的袋子，就讓它在火堆裡燒了一夜。隔天早上醒來，發現草繩都被燒

先秦疊疊樂

光了，但是泥糊的部分經過火燒以後，變得堅硬多了，不但可以拿來裝水，還可以盛放食物去煮。後來大家就試著用泥土捏成不同的形狀，再拿來燒，這就發明了你現在看到各式各樣的陶器了。特別的是，」爸爸停了一停，「不是任何的泥土都可以燒成陶器喔！這種泥土，必須要有很強的黏性，才不會在捏形狀的時候裂開。你看，」爸爸拿出了 陶器 ，放在石頭上，說：「這疊疊塊裡的土，就是我們村子邊上最適合做陶器的土，它的黏性高，容易捏出我們想要的形狀。燒出來的陶器無論拿來做什麼容器都好用。」

「那上面那些黑黑紅紅的花紋呢？是誰想出來的？」小玉繼續追問。

「嘿嘿！這可是你爸爸我想出來的喔！」爸爸驕傲的說，「有一次，我手上沾到畫畫用的顏料，又搬那些準備燒的陶器。結果燒出來的陶器上印了我的手印。」

「後來我們發現，燒過的顏料反而不容易脫落，讓陶器變更漂亮了，所以我們開始幫陶器做點裝飾，上點色彩，隔壁村的人都說我們這叫『彩

用這種就不會漏水啦！

陶』，也是我們村子的特色呢！」

爸爸端詳著手裡剛燒製出來的「人面紋陶盆」，一面沾沾自喜，一面跟小玉講著自己村子的歷史，讓小玉覺得，這些陶器，真的好美麗！

新石器時代

黃

仰韶文化——半坡
人面魚紋彩陶盆

渭　水

半坡
姜寨
仰

黃河流域
長江流域
華南地區

良渚文化
獸面玉琮

2. 龍山文化

又過了一段時間，來到距離現在四千年左右，在比較靠海的龍山村裡，有個很會做陶器的小伙子叫作

龍山文化
蛋殼黑陶杯

河姆渡文化
稻穀遺跡

小黑，因為龍山村附近的土質非常特別，燒製出來的陶器顏色偏灰暗，而且土裡有一些會發亮的礦物，所以在灰暗的顏色中似乎可以看出一點點的光澤。不過小黑總覺得，這樣的陶器，應該還需要拿來磨一磨，這樣光澤才會比較明顯一點。可是，小黑卻遇到一個困難，因為陶器拿在手上磨，不是這邊磨太多，就是那邊磨太少，不磨還好，磨起來反而歪歪斜斜的，變得不好看。

這天，小黑坐在屋外，想著該怎麼磨陶器的問題時，偶然之間看到一群孩子在山坡上玩耍。只見孩子們拿著幾顆從河裡揀來的圓石頭，從山坡上滾下來。其中一顆正巧落到小黑的腳邊。

小黑揀起石頭，發現這塊從山坡上滾下來的圓石頭因為和山坡摩擦的結果，變得更加圓滑。小黑若有所思地想了想，進到屋內東敲西打的，組合了一個圓形的工作檯。工作檯下面也有個圓形的輪盤，小黑用腳推動輪盤，工作檯也跟著轉了起來。小黑發現，工

燒出來的陶器

陶器的製作表示人們的雙手已經可以做出更精細的手工藝作品；而陶器都必須用高溫來燒才能夠使陶器變得堅硬，顯示人們已經會製作燒陶器用的設備。陶器讓人們可以保存糧食和烹煮食物。從各式各樣形狀的陶器看來，這個時候的人們已經可以享受各種不同的美食了。

作檯上的陶土也可以隨著輪盤轉動，如果拿著工具在陶土上按壓，就可以畫出一個美麗的圓形。

小黑好奇的再轉一次，發現當輪盤轉動的同時，可以捏壓出漂亮的圓形器皿；若是用工具打磨，就可以是漂亮的圓形。隨著工具用力的深淺，可以形塑出各種漂亮而整齊的圓形陶器。透過輪盤的使用，可以把陶器的厚度磨得既薄又光滑，厚度幾乎就像母雞所生的蛋殼一樣薄。小黑把做好的成品拿去燒，發現燒出來的陶器不但顏色黑，而且還可以將土中所帶有的礦物，散發出美麗的光澤。令他感到意外的是，這個薄如蛋殼陶器，竟然意外的堅硬，鄰居們紛紛讚嘆小黑的新作品。這就是 輪製陶器 的由來。

後來，小黑索性連田也不種，雞也不養了，專心的開起自己的陶匠工作坊。以後鄰居們若是想要小黑做的陶器，就拿著他們的獵物、農作物或是自己養的家禽家畜來交換。一個小社會，就開始分工合作了。

社會分工

在我們的周圍，有各式各樣不同職業的人，彼此分工合作，一起創造新的文明。古代的社會也是如此，隨著手工業越來越精細，農業種類越來越多樣，人們的生活也可以有更多新花樣。有了農業，不需要人人都上山去打獵採集，多餘的人，就可以從事其他的工作，然後再拿自己的作品，去和種田的人交換糧食。商業交易也就這樣出現了。所以，分工合作的社會，是促進人類文明進步的主要因素。

有了農業技術，人們不再需要長途跋涉去採集食物；學會畜養家畜家禽的方法，人們也不用冒著生命危險去打獵捕魚；懂得使用火，人們不再擔心夜裡的黑暗與不熟的食物；陶器的製作，使人們可以有更多的創意可以發想。可是，有個問題似乎一直困擾著當時的人們，那就是對死亡的陌生與恐懼。

疊疊塊連連看

先秦疊疊樂

農耕	● 可以吃到香噴噴的米飯
結網捕魚	● 打獵獲得的肉烤一烤 吃下去才不會拉肚子
火焰	● 用來裝水和食物挺方便的
陶器	● 到河邊去一趟可以抓到更多魚
畜養家畜	● 終於可以不用去山裡面打獵了

3. 巫術與宗教

　　龍山村裡住了位龍老爹，年紀一大把了，常常夢到過世的老伴兒。小黑看龍爺爺每天愁眉苦臉的，常常找他聊聊。

　　「唉……我又夢到你龍奶奶了。」龍爺爺難過的說。

　　「龍爺爺你開心一點嘛！」小黑安慰龍爺爺，「住在山腰的巫奶奶跟我說，人死了以後會到另一個世界，住在那邊比在龍山村過得好。巫奶奶給我看了她的 巫術 ，上面寫了好多另一個世界的事情喔！」

　　「是啊！」龍爺爺說，「我也找過巫奶奶，他總是告訴我，你龍奶奶在那一邊過得很好，可是我還是會想她，還是會夢到她。」

　　「說起這巫奶奶挺特別的，」怕龍爺爺傷心，小黑趕緊轉移話題，「她總是一個人在夜裡看著天上的星星喃喃自語，白天又在森林裡東找找，西找找的，弄了一大袋神祕的東西，回到家裡就在她的大釜裡煮啊煮的，等到咕嚕咕嚕冒了泡後，又丟了一把粉下去，大釜裡就好像閃電一樣，霹ㄆㄧ靂ㄌㄧ啪啦響個不停。」

　　「可不是嗎？」有小黑陪著聊天，龍爺爺心情好多了，「我之前吃到一個奇怪的花，全身不對勁，後來吃了巫奶奶給我的神奇丸子就好了。」

巫術與宗教

巫術與宗教是兩個不同概念的名詞。古代的人對於大自然的好奇，把風雨雷電想像是精靈在後面操縱；生老病死，也都是有超自然的力量在背後掌控。於是，有一群人，自稱可以靠著一些咒語與儀式來控制這些精靈，這種人我們稱之為「巫」；他們所使用的能力，就是「巫術」。之後，人類開始建立起一套溝通人鬼神之間的方法，有專門人員、有儀式經典，就形成了我們所知的「宗教」。

巫奶奶是村子裡的巫醫，年紀一大把了，仍堅持一個人住在半山腰的破草屋裡，因為屋外常有雲霧繚繞，更增添了一些神祕氣息。巫奶奶有塊 巫醫 ，上面寫滿了前代巫師們的知識，總是能夠為村民解答各種疑難雜症，無論是身體的病痛，或是心情的鬱悶，乃至於對死去親人的思念，她都能為村民解答。

後來，在龍爺爺過世的那一天，巫奶奶特地帶著 巫醫 從山上下來，照著上面的指示，為爺爺舉辦了一個隆重的告別儀式。村民為龍爺爺挖了一個坑，遵照巫奶奶的指示，在坑內放了一些小黑做的黑陶罐和一些精緻的玉器，說是要讓爺爺帶去另一個世界用的。一切都安放好了，巫奶奶便唸起咒語，拿出一片鑽了洞的動物骨頭，在火上烤了烤，「卜」的一聲，骨頭燒裂出一道痕跡，巫奶奶說，這表示龍爺爺已經順利的到了另一個世界，眾人用土把坑填滿，縱然心中有許多的不捨，但在巫奶奶的安慰下，也漸漸走出了傷痛。

4. 誰來當領袖？

在社會分工之後，人們偶爾會出現一些糾紛。有的人覺得自己的陶器至少該換一頭豬；有的人則認為，田裡的收成，可以換到一條美麗的項鍊才夠。這種層出不窮的問題，總是需要有人來解決。於是，每個村子裡，都會有一位值得信賴的人，大家覺得他最公正又有威望，由他來決定事情該怎麼安排。

在遠古的時候有一個村子，住了一位被稱為神農的人，他對植物很有研究，靠著大膽試吃各種不同的植物，來為村裡的人找尋合適的食物或是藥草。神農把這些可以食用的百草植物記錄在 神農 上，交給後人代代相傳。神農影響了附近許多的村子，於是幾個村

神農伯伯，你振作一點阿！

子就聯合起來推舉神農為領袖，共同聽從他的命令。神農死後，大家為了紀念他，就尊稱他為「炎帝」，並且自稱是炎帝的後代，形成一個部落聯盟。

然而炎帝的繼任者並沒有像炎帝那樣得到人民的敬重。有位叫作軒轅的人打敗了支持炎帝的部落，受其他部落推舉為領袖，並且尊稱軒轅為「黃帝」。不過，還是有些部落不滿黃帝的領導，其中一個部落領袖蚩尤便率領這些不滿的部落一起攻打黃帝；而黃帝也不是省油的燈，也帶了一群效忠自己的部落與蚩尤對戰。

　　蚩尤戴著像牛角一樣的頭盔，號令效忠自己的部落，趁著漫天大霧朝黃帝的大軍發動攻擊。黃帝的軍隊被大霧包圍，分不清楚方向，一時軍心大亂，眼看就要吃敗仗了。沒想到黃帝不慌不忙地拿出 指南車，往戰車上一擺，為大軍明確指出了方位。黃帝號令部隊，將蚩尤打敗，成為眾部落的共主。

　　吃了敗仗的蚩尤，只好帶著剩下的部眾，離開了肥沃的平原，往南遷徙，成為現在住在中國南方許多民族的祖先。

蚩尤

戰勝了蚩尤後，維持了一段和平的時間。在黃帝統治部落聯盟期間，他的大臣們相繼疊起了許多文明疊疊塊。像是 天文 可以觀測太陽、月亮和行星，然後再以天文疊疊塊為基礎，建立了計算四時節氣的 曆數 ；美妙的 音律 讓人們可以享受音樂之美；史官倉頡觀察自然萬物打造了 文字 ；黃帝的妻子嫘祖用 養蠶取絲 教人們用蠶絲來製作衣裳。人類的文明，一下子疊高了許多。

文明的累進（ㄌㄟˇ）

　　很多人一定有這樣的疑問，黃帝怎麼可能一個人發明這麼多東西？即使有大臣們幫忙，也不可能在短短的時間內讓文明進展得這麼快，難不成是遇上了外星文明嗎？其實，在還沒有文字以前，人們都是靠著口耳相傳來紀錄過去的歷史。就像前面提過的有巢、燧人、伏羲等人，都是傳說中的「古代聖王」。因此，在前面的故事中，我們都是用想像的方式來說這一段歷史，而這些聖王，包括了炎帝和黃帝的種種故事傳說，都不見得是一個「人」做出來的，比較有可能的是一個「文明演進」的階段或生活方式的想像。

　　早期的歷史都稱炎帝和黃帝是中華民族的共主，中國人也就以「炎黃子孫」自稱。但是有不少少數民族的神話中記載，蚩尤才是他們的祖先（例如現代的苗族），這些歷史記憶，顯示出中華文明的起源並不是從一個地方開始的，而應該有不同的起源；所以有的歷史學家就把炎帝、黃帝和蚩尤當作是中華民族的「三祖」，以三祖文化傳承下來的文明，就是現代的中華文明。

5. 禪讓政治

不過，黃帝也會老，老了以後誰來接替共主的位子呢？雖然打一仗來決定誰的力氣大、誰的軍隊強，是一個不錯的方法，但是總不能每次都靠打仗流血才能解決這個問題吧？有一個人叫作堯，是一位相當仁慈的領袖，人們便推舉堯為「帝」，也就是眾部落的共主。

堯以「唐」作為國號，雖然這個時候的「國」跟後來「國」的大小與規模不能相提並論，但是，這種具備「領袖」、「土地」、「國號」與「被領導者」的組成分子，已經是一個國家所必須具備的基本要素了。

堯年紀大了，不知道該怎麼選擇即位的人選，有大臣就建議堯說：「應該讓您的兒子繼續領導我們。」

但是堯卻說：「不好吧？我的兒子表現又不是很特殊，也不是頂聰明。我擔心他沒有辦法成為一個好的領導者。」

看到堯再三推辭，有大臣便建議：「我們聽說有個孝順的人名叫舜，應該是不錯的人選。」

堯問：「喔？你倒是說說看，舜是一個怎樣的人？」

大臣回答：「舜在很小的時候母親就過世了。父親眼睛失明，再娶了新妻子後生了弟弟。父親和後母都

不喜歡舜，想要把他害死，但是舜卻依舊聽從父母，友愛弟弟，努力工作照顧一家人的生活。」

「後來舜到歷山開墾耕種，附近的人都跟著他一起耕種，甚至願意把自己開墾的土地讓給別人，不互相爭奪；之後舜又到了河邊挖陶土製作陶器，因為舜做的陶器貨真價實，讓那一帶做陶器的陶匠都因此受到影響，不再偷工減料；當舜到雷澤捕魚，捕到的魚都樂於和人分享，所以雷澤的人都紛紛讓出自己捕魚的區域，彼此分享。」

堯說：「真有這樣的人才，快快替我介紹！」

堯見了舜，很好奇他對於治理國家有什麼想法。

舜恭敬的回答說：「只要公平待人，講求信用，關心百姓的生活，就能得到天下人的擁戴。」

禪讓政治與世襲制度

禪讓政治是將領導權交給有能力的人；世襲則是把權力交給自己的後代子孫。禪讓政治的好處是讓賢能的人來領導國家，但每個人都有私心，希望自己的後代可以成為新的領導人。夏是中國第一個開始實行世襲制度的政權，所以我們稱它為「夏朝」或是「夏代」，指的就是由同一個姓氏世襲進行統治的意思。

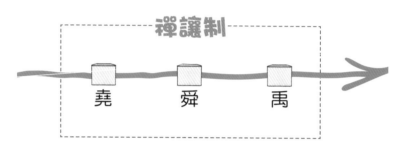

堯很滿意舜的回答，但是還想要試試看舜治理國家的能力是不是只是嘴上說說而已，於是，堯把自己的兩個女兒嫁給舜。因為堯相信，如果舜可以把兩個太太都照顧得好，讓家庭和諧，自然有能力治理國家。而舜也沒有辜ᵍㄨ負堯的期望，果然讓一家人和樂融融。

等到堯年紀大了，便將禪讓政治交給舜，由他代為管理國政。堯死後，大家就擁戴舜作為帝，改國號為「虞ㄩˊ」。

從三皇到五帝

在這本書的前兩章，因為當時沒有很明確的文字紀錄，只能靠考古挖掘的成果來拼湊這段歷史，所以我們都把這段時期稱為「傳說時代」。在這段傳說時代裡，有許多的文明疊疊塊層層疊起，讓中國的文明慢慢被建立起來。後來的人，靠著口耳相傳的記憶，把這段歷史以文字寫下來，但因為都是片段的口傳記憶，所以難免有很多不同的版本。像是前面提到的伏羲、燧人以及神農，有的歷史書籍稱他們為「三皇」，從現在的觀點來看，也就是人類文明由漁獵到農耕的演進過程。

而黃帝之後，因為留下了比較多的傳說，所以似乎軒轅作為黃帝這件事情就比較可信了些。據說，在黃帝之後，還有顓項跟嚳兩位部落共主，在黃帝死後成為領導人，嚳死了以後，大家才推舉堯來接替共主。所以後人又把黃帝、顓項、嚳、堯和舜五位稱之為「五帝」。後來，也就是本書的最後，當秦王政統一天下，就是採用了三皇與五帝的皇、帝稱號，自稱為「始皇帝」，頗有終結一個時代與開啟另一個時代的意味呢！

三、世襲的文明：

天下就是我家

1. 從禪讓政治到世襲制度

舜坐上帝位之後，首先面臨到的難題，就是黃河氾濫。

「唉……大水氾濫，百姓的農田和房屋都被沖毀了。這可怎麼辦才好？」舜煩惱的問大臣，「之前堯帝在位的時候，是誰負責治水的呢？」

「是鯀負責的。」大臣回答。

舜把鯀找來，問他怎麼花了這麼多年的時間，水災還是這麼嚴重？

鯀回答說：「我堆了 堤防 ，可是洪水一年漲得比一年高，我必需要更多的土來建築堤防才行。」

舜說：「好吧！那你就去試試看。但你拖了這麼久，要是你這次再治不好水，不要怪我對你不客氣了！」

鯀想來想去，發現舜的一塊土地土質很適合建築堤防，可是看來舜似乎不願意跟人分享他的土壤。但是眼看舜所訂的期限就快要到了，鯀只好不經過舜的同意，派人去挖了土。

　　這下舜可生氣了，加上堤防蓋了半天水患仍然沒有減輕，於是，舜下令殺了鯀，命令鯀的兒子禹ㄩˇ來接替父親治水的工作。

　　雖然鯀被殺讓禹相當難過，但看到終日泡在水裡的人民，禹也非常不忍心。於是禹忍痛接下了這個重責大任，開始治水。禹看父親用堤防的成效不彰，乾脆抽掉了 堤防 ，改用 疏導 來試試看。

　　首先，禹先到氾濫河川的上游察看，把山、水、與村落的位置一一紀錄下來。禹發現，河川之所以會氾濫，是因為泥沙淤積，以及太多的水同時間沖刷下來的結果。因此，禹率領百姓，將河川開挖出許多的小支流，讓主要河川的河水，可以引到農田中用來灌溉農作物。一旦河川的水量突然變多了，這些小支流就可以適時的將河水分流出去，不至於淹過堤防，造成危害。

疏導才是王道！

禹三過家門

　　傳說禹花了十三年的時間才治理好水患，這十三年中，三次路過自己的家，但是都沒能進去看看自己的家人。因此後人就用「三過家門而不入」來形容公而忘私的精神。

　　果然，禹治水的方法讓河川不再氾濫，人民辛勤耕作的糧食，也不會因為水患而損失，加上支流帶來豐沛的灌溉水源，讓農田豐收，人民也得以安居樂業。舜覺得禹的功勞實在太大了，於是就將帝位禪讓給了禹。

　　禹成為統治者後改國號為「夏」，建立了一個新的國家。因為禹在治水的過程中走遍許多地方，對各地的地形、風俗與物產作了調查。因此當禹即位之後，

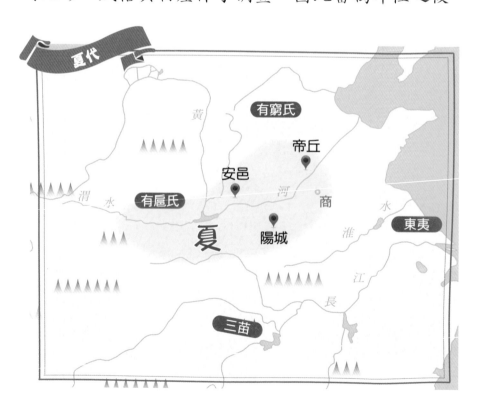

便按各地的特性，將國家分為九個州，交給有能力的人來治理，並且賜給他們姓氏，成為夏國的諸侯。

不過，在南方的部族三苗，卻不接受禹的統治，想要和禹對抗。由於三苗自堯舜時代以來，就常與效忠堯舜的部族打仗，舜曾經試圖要南下攻打，但一直未能打敗三苗。到了禹的時代，決心要消除這個南方的威脅，於是揮軍南下，把三苗打敗了。

由於洪水和三苗是長久以來的天災與外患，而禹卻能將這樣的難題解決，自然獲得更多人的敬重。禹本來想把 禪讓政治 交給治水有功的益，但是諸侯不同意，表示只願意效忠禹的兒子啟，於是，啟成為了夏國的國王，從此，不再是一個你讓給我，我讓給他的禪讓政治，而是一個由同姓後代繼承領導權的 世襲 王朝 ，中國第一個朝代「夏朝」就這樣子出現了。

九州配九鼎

禹把國家分為九州之後，命令各州送來金屬礦產，並將這些金屬鎔鑄成九個大鼎，「九鼎」便被看作是天下共主的象徵。我們現在成語所用的「問鼎中原」，引用的就是東周時代，楚王向周天子派來的使者詢問這九個大鼎的典故，意思就是指楚王想要一統天下成為天子的野心。雖然九鼎在戰國末年就下落不明了，但九鼎依然是代表天子與帝王的象徵。

2. 夏朝的統治與滅亡

啟坐上王位之後，以「夏」為族名，自稱夏王啟。

啟死了以後，兒子太康接續為王，但是太康整天都在外打獵，根本不管政事。在東方有窮氏的首領羿，偷偷把 世襲王朝 抽出來，再把被啟丟掉的 禪讓政治 疊回去，趕走了太康和太康的弟弟仲康，自立為王，夏朝的統治出現危機。不過，羿也不是個好王，整日只顧享樂，不顧人民生活，結果被他的部下寒浞殺了，搶走王位。直到仲康的孫子少康號召夏朝的臣民一起打敗了寒浞，才重新奪回王位，疊上了 世襲王朝 。

少康中興 人心歸順

少康之後，夏朝的政權變得穩固許多，但是傳到第十四代夏王桀_{ㄐㄧㄝˊ}時，情況便大不如前了。桀是一個很厲害的人，據說他可以光憑雙手打敗猛獸；憑雙腳跑贏馬匹。所以他相當驕傲，凡是不順從他的部落，就發動軍隊去討伐，因此，許多原本效忠夏朝的部族，紛紛起來反抗桀。

連年的戰爭，讓百姓的生活過得很苦，許多人都詛_{ㄗㄨˇ}咒桀早點死掉。桀王聽到了這件事，不但沒有生氣，反而大笑說：「想要我死？沒那麼容易！我就是天上的太陽，只要太陽不死，我也不死！」百姓聽到桀這樣說，更是憤怒的指著太陽大罵，恨不得太陽第二天不要再升起來。

我是天上的太陽，太陽是不會消失的。哈！哈！

39

啟即位　太康失國　羿自立為王　寒浞奪位　少康復國　桀暴虐　湯伐桀

開啟世襲制

夏朝東方一個叫作商的部族，因為不滿桀的統治，首領湯拿著 革命 率領人民起來反抗。因為反抗的力量很大，儘管桀是孔武有力的人，也敵不過反抗軍的勢力，只好邊打邊逃，最後被湯的軍隊打敗。湯把桀放逐，改國號為「商」，建立了一個新的朝代。

革命疊疊塊

身為領導人，最怕的就是百姓或大臣諸侯的革命了。關於下屬能不能革命，在中國的知識分子之間有許多的討論。戰國時代的孟子曾說：「如果君王蠻橫不講理，不遵守規矩，人民是可以起來反抗的。這樣的反抗，不是違背禮法的。」而孟子所舉的例子，就是湯對桀的革命，這個想法影響了後代多次的革命運動。

先秦疊疊樂

疊疊塊整理箱

聰明的你可以幫忙把疊疊塊按照不同的時期放進整理箱嗎？

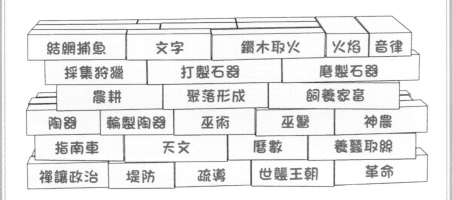

結網捕魚　文字　鑽木取火　火焰　音律
採集狩獵　打製石器　磨製石器
農耕　聚落形成　飼養家畜
陶器　輪製陶器　巫術　巫醫　神農
指南車　天文　曆數　養蠶取線
禪讓政治　堤防　疏導　世襲王朝　革命

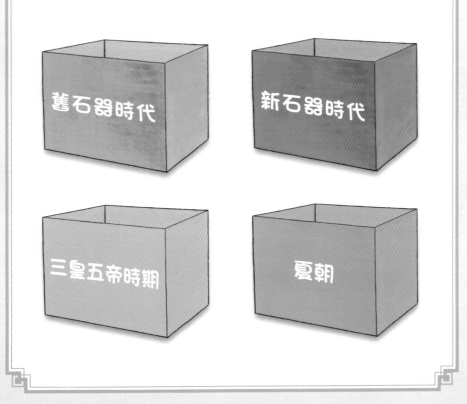

舊石器時代　新石器時代

三皇五帝時期　夏朝

四、信史的文明：
商的建立與文字的歷史

1. 商的建立與盤庚遷殷

　　商人的祖先叫作契，是堯舜時代的人，因為曾幫禹治水，所以禹將商這塊地賞賜給契，契的後代就以地名商作為他們部族的名稱。湯之所以能夠拿著 革命 推翻夏朝的統治，與他的大臣伊尹有很大的關係。伊尹原本是湯家中的廚師，但伊尹是個聰明又有想法的人，不但了解湯喜歡吃什麼，也瞭解天下大勢。他趁著為湯準備飯菜的時候，跟湯聊起政治局勢。湯相當佩服伊尹，就不再要他當廚師，而請他來輔佐自己，終於打敗了夏王桀。

　　商朝建立之後，伊尹繼續擔任湯的大臣；湯過世以後，王位傳到孫子太甲，政事仍然由伊尹輔佐。但是太甲是個懶惰的孩子，不遵照祖父訂定的規矩。伊尹覺得這樣不行，就把太甲趕到湯王的墳墓旁邊居住，希望藉此讓他好好反省，商朝的政事，暫時由伊尹來管理。

　　三年的時間過去了，伊尹常常觀察太甲的行為舉止，發現這三年太甲成熟不少。於是，伊尹又把太甲

請回來，把政權交還給他，而太甲也變成了一個好王。太甲之後的幾個王都是勤奮努力的好王，讓商朝的國勢日漸強大。但是在強大的背後，卻有一個隱憂，就是商朝賴以穩固政權的 兄終弟及 出現了裂痕。

所謂「兄終弟及」，指的是商朝的王位繼承制度，當王過世之後，傳位給王后所生的第一個兒子，又叫作「嫡長子」，嫡長子過世之後，則傳位給嫡長子的弟弟，若還有更小的弟弟，則繼續傳位下去。如果最小的弟弟死了，再把王位傳給他的嫡長子，依序類推下去。但是，能夠當上商王，是每個王子們的心願，甚至是王孫們的心願，而前頭有這麼多的哥哥、伯伯們在排隊當王，要輪到自己，不知道要等到何年何月？

所以，兄弟與伯姪之間，開始出現了爭奪王位的事情，弄得整個王室家族充滿了勾心鬥角的氣氛。不但如此，大臣和貴族們也各自擁護對自己有利的王室成員，這樣的混亂場面，持續了九代之久。商王家族內部亂七八糟，整個朝政也就烏煙瘴氣了。

　　王位傳到了第十九位商王盤庚，他決定要好好整頓一下政局。首先，他必須得先離開這個勾心鬥角的都城。於是，盤庚拿出了 遷都 ，下令準備搬家，把國都從原來的亳遷到黃河北面的殷。

　　但是，過慣了好日子的大臣和貴族，當然不願意這樣舟車勞頓的搬家，於是他們就煽動許多人起來反對遷都。不過，盤庚遷都的決定並沒有因此而動搖，一開始他先好言相勸，對這些貴族說：「我們遷都到殷，對國家的發展是好的，而且殷的土壤比這裡肥沃，可以有更好的收成。我的心意已決，你們別想改變我！」

　　盤庚知道，要削弱這些貴族大臣的勢力，首先必須斷絕他們現在已經擁有的財富和土地，一旦切斷了資源，這些人就沒辦法像以前那樣干預國家大事。

　　快到遷都的時候，盤庚再次對臣民喊話，他嚴厲的告訴大家：「我這次的搬遷，是順應天命，和先王湯的心願，凡是違逆我的，就是違逆天命和先王，我會直接殺了你們，而且也絕對不會讓你們在新的都城裡面為所欲為。」

反對的大臣和貴族知道盤庚的決心，只好摸摸鼻子，乖乖的跟著搬到殷去了。遷都之後，盤庚效法湯的政令，百姓安居樂業，又恢復了商朝前期的繁榮和強盛。

遷都疊疊塊

遷都看起來跟搬家沒什麼差別，但背後是有重大的政治意義。盤庚的遷都，顯示出商王與大臣貴族間的權力衝突，藉由遷都將大臣貴族與土地之間的資源關係切斷，重新開始，使得商王統治的權力可以更為穩固，是王權統治上的一大進步。

2. 青銅器與甲骨文

商朝已經發展出相當高的科技水準，商人可以製作出幾個人才搬得動的青銅大鼎ㄉㄧㄥˇ或是大壺。而青銅器的製作，可不是那麼容易的事情，商人從 青銅技法 學到把銅加入了錫一起鎔ㄖㄨㄥˊ鑄ㄓㄨˋ成器具。這樣一來，青銅器不會像銅器一樣因為太軟而變形，也不會像鐵器一樣用久了會生鏽。而大量使用青銅器，應該是從盤庚遷殷之後，可見，政事穩定了，對商朝的科技文明發展，還真有不少幫助。

在這些青銅器上，有許多的圖畫和文字刻在上面。雖然黃帝時代已經打造了 文字 ，但是這個時候的文字還沒有那麼豐富，大多只是依照自然萬物所描繪出來的「象形」字，不像商朝人已經創造更多複雜的字。不過，這些文字出現在青銅器上還算少，真正最多的文字都是寫在龜殼和獸骨上，並且在宗教儀式中使用。

商朝人很愛求神問卜，小至早晨出門該往哪裡走，大至盤庚該不該遷都這些問題，都需要請祭司來問問看。祭司會準備一個龜殼，放在火上烤，龜殼遇熱之後會裂開，祭司就從龜殼的裂痕來推斷到底是吉還是凶ㄒㄩㄥ，然後把占卜的結果寫或是刻在龜殼或獸骨上， 甲骨文 就這樣堆疊在文明之中了。

甲骨文與信史時代

　　還記得龍山村裡的巫奶奶嗎？那個時候巫奶奶也是用火烤獸骨，利用獸骨的裂紋來判斷吉凶。商朝人也保留了這個信仰。商代的祭司們稱龜殼上的裂紋為「兆」，也就是從裂紋預測未來的意思。（「兆」這個字是不是很像龜殼上的裂紋呢！）

　　甲骨文的出現，代表人們開始用文字來紀錄事情，也開始紀錄歷史，用文字紀錄的歷史，可信度大大的提高，人們終於可以告別「傳說時代」，進入「信史時代」了。

青銅器（四羊方尊）
青銅器製作精緻、巨大

↓

國家力量強大

甲骨文
文字記載

↓

信史時代

文字
文字漸成熟

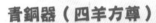

愛求神問卜的商人相信宇宙當中有一個主宰的上帝，祂掌管了人世間的一切，並且能賜福或是降禍。而山有山神，水有水神，風、雨也都各有掌管它們的神靈。除此之外，商人也非常重視祖先的影響。像盤庚遷殷這件事，也是搬出了湯來威嚇大臣和貴族們。商人覺得，祖先們雖然已經死了，但是他們的神靈還會在人世間飄盪，有自己的意志和感情。更重要的是，祖先的神靈可以影響上帝賜福和降災，而對於上帝的祈求，也都得透過祖先，所以，為了趨吉避凶，自然對於祖宗的祭祀活動都非常講究與隆重。

祖先與靈魂觀念的形成

山有山神、水有水神，這種觀念我們稱之為「萬物有靈」；那麼，人死了以後會變成什麼？這個問題也困惑著古代人。這裡說道，商人相信人死了以後神靈還會飄盪在人間，甚至可以左右上帝賜福與降災，所以才需要這麼多對祖先的祭祀，好讓活著的人可以免去災難，享受福氣。不但是商朝人如此，就是後代的人也講究對祖先的祭祀。

許多宗教告訴信徒，人死了以後化成三個魂，其中一個被埋在土裡或留在灰燼中，一個去了祖先們該去的地方，或者跟著去輪迴投胎成為新的生命，再一個，則留在人世間或是留在祖先牌位裡。所以，必須祭祀的，就是這第三個魂，因為沒有好好照顧「它」，恐怕它就會危害人間，甚至對後代子孫造成不好的影響。由此便可以看出，這種對祖先的崇敬與宗教儀式，其實在商朝就已經漸漸成形了。

3. 商朝的滅亡

　　經過了幾代君王的統治，商朝的疊疊塊又再度出現了裂痕，最大的兩道裂痕，其中一道出現在 開疆闢土 上，另一道則是在 人才 上。開疆闢土 是商王帝辛時疊上去的，帝辛是一個知識淵博，思維敏捷的人，而且他長得身材高大，力大無窮，是一位既可以用雙手跟野獸搏鬥，又能與群臣論辯政事的君王。但也因為他自認文武雙全，對於大臣的建議都不大採納，只相信自己的判斷，卻也因此斷送了大好江山。

　　在商朝前期的時候，因為政事混亂，很多部族都不願意效忠商王，到了盤庚遷殷之後，才慢慢開始有一些部族歸順，但是東方與南方的一些部族，卻一直與商朝對立，不時發動侵略行動。到了帝辛的時候，他決定將這些惱人的小部族一次解決，於是發動大軍消滅了他們，把商朝的統治區域擴展到了長江流域。不過，由於這場戰爭消耗了太多的國力，反而讓不滿帝辛的人趁機起來反抗他。

　　另外一個出現裂痕的 人才 直接導致了商朝的滅亡。一個國家不是單靠一個人就能建立起來的，除了需要有智慧的領導者外，還需要靠許多大臣輔佐，像是商朝剛建立時的伊尹，就是一位好大臣。

　　帝辛在位期間，原本也有很多好臣子，像是被稱

為三公的西伯昌、九侯和鄂﹙ㄜˋ﹚侯，都是帝辛身邊的重要大臣。九侯有一個女兒，長得非常美麗，嫁給帝辛作妃子。但是因為她惹帝辛生氣，帝辛就把她和九侯殺了。鄂侯聽聞此事覺得帝辛太惡劣了，就和帝辛起了爭執，結果被帝辛下令剁成肉醬。西伯昌知道了，也不敢表示什麼，只能暗暗地搖頭嘆氣。沒想到這個小動作卻被其他大臣知道了，就向帝辛打小報告，害得西伯昌被關了起來。

不過，帝辛把西伯昌關起來的原因當然絕對不是只有嘆嘆氣這麼簡單而已，因為帝辛知道，在這幾年當中，西伯昌因為很得人心，在他的封地已經聚集了一股不小的勢力，難保那天勢力壯大了，對商朝造成威脅。所以，帝辛好不容易找到了這個理由，就趕緊把西伯昌關起來準備找機會殺了他。

盤庚遷殷　　　伊尹輔政　　　湯建商

國力漸盛

我暴虐無道，也有人叫我「紂王」！

國力漸衰

帝辛向外擴張　　周人興起　　帝辛自大　　周人伐商

眼看西伯昌惹來殺身之禍，西伯昌的大臣趕緊送來美女、寶貝和好馬獻給帝辛，這才讓帝辛消了氣，把西

伯昌放出來。西伯昌出獄之後，再也不敢待在帝辛身邊，沒命的逃回封地。許多不滿帝辛的大臣和諸侯，聽說西伯昌回來了，紛紛來到這裡加入西伯昌的陣營。但沒過多久，西伯昌就過世了，由他的兒子姬發接替他率領反抗商朝的軍隊。

帝辛倒是不怎麼緊張，因為他周圍大臣，都是一些只會講好聽的話，不把事實告訴他的人，而那些勇敢為商王提出建言的大臣不是被殺就是逃走。

只有一位大臣叫比干，是帝辛的叔叔，不斷提醒帝辛諸侯們已有反叛之心，要他留意，結果帝辛嫌他煩就說：「叔叔看來真的像是聖人一樣高尚啊！我聽說聖人的心臟有七個孔，我倒要看看叔叔你的心臟有幾個孔！」

　　於是命人挖了比干的心臟，好好一位忠心的大臣就這樣一命嗚呼了。比干死後，再也沒有人敢對帝辛說真話，人才就跟比干的心臟一樣，應聲斷裂。

　　眼看時機成熟了，姬發拿出了革命，率領諸侯大戰帝辛的軍隊，帝辛兵敗，逃回王宮自焚而死，結束了商朝六百多年的統治。

隱藏版的
文明疊疊塔

三星堆的奇妙世界

　　當商朝的文明在黃河流域發展的時候，位在西南地區的蜀地三星堆，悄悄地發展了一套隱藏版的「多元文化」。蜀地與黃河流域距離很遠，中間的道路又還沒開通，對於已經擁有許多文明疊疊塊的商朝人來說，偏僻的蜀地一定是個沒什麼文化的地方。

　　在商朝末年的那場姬發與帝辛的戰鬥中，許多商的臣子與百姓受到波及，為了避免戰爭的傷害，許多人在戰爭爆發前就偷偷離開了中原，逃往別處去了。有一個人名叫杜宇，經過了好長一段時間的搬家、旅行，來到一個完全陌生的平原地帶。這裡的人似乎對外面的世界都很陌生，既沒聽過商王，也不知道西伯昌。但是他們卻擁有 `青銅技法` 能夠製作相當精美的青銅器。

　　杜宇是看過青銅器的人，看到這裡的青銅器，不禁詫異的想：「我還以為青銅器只有商人會作呢！」而且這些青銅器，有許多不同的種類，有細細長長的神像、有好幾個人才抱得動的超大面具，還有像樹又像燈臺的奇怪擺飾，還有用黃金打造的黃金面具。有趣的是，這些面具表現出來的人都長的很特別，眼角斜斜的上揚，鼻子也相當的高聳，有的眼睛還凸出來，像極了螃蟹的眼睛。

杜宇好不容易找到可以聽得懂他說話的人，問了半天，只知道這裡是蜀地，問他們是從哪裡來的，大家也說不清楚。不過倒是有一位長者說了一個故事，他說：「很早很早的時候，我們是被直眼睛的蠶叢統治的……」

　　「直眼睛？」杜宇打斷了老人的話，「那是什麼意思？」

　　「喔！直眼睛啊？」經過翻譯的人解釋，老人繼續說，「就是他的眼角是往上斜斜的。」

　　杜宇心想，喔！這樣看來，這面具上的眼睛，大概就是模仿蠶叢吧？

　　老人繼續說：「我們蜀人都是大鳥的後裔，所以我們特別愛製作一些跟鳥有關的青銅器。你剛剛看到的那些個青銅面具，都是我們用在祭祀上的道具。」聽著老人的解釋，杜宇終於瞭解了一點蜀人的歷史。

杜宇在蜀地待了好些年，在這裡娶妻生子。因為杜宇待人很好，又是從蜀地外頭來的人，大家都很喜歡他，於是就推舉他為帝。不過，蜀地的河川老是鬧洪水，讓杜宇很傷腦筋。

　　後來杜宇找到了一位自稱鱉靈（ㄅㄧㄝ ㄌㄧㄥ）的人，他不但對蜀地山川瞭若指掌，還自製了一套鱉靈治水。杜宇任命鱉靈為治水大臣，而鱉靈也真的不負所托，把洪水給治理好了。杜宇很佩服鱉靈的能力，於是想起了堯、舜的禪讓，打算把帝位禪讓給鱉靈。但是鱉靈不肯，一直推辭。杜宇心想，只有自己離開蜀地，才能夠讓鱉靈即位，於是杜宇就逃走了。鱉靈得知這個消息，立刻派人前去尋找杜宇，花了好長一段時間，只在一棵大樹下找到杜宇的衣服，而大樹上有一隻杜鵑（ㄐㄩㄢ）鳥，不斷地啼叫。有人說，杜宇已經幻化成杜鵑鳥了。

　　由於蜀地既沒有受到中原的戰亂影響，也沒有中原你搶我，我打你的勾心鬥角，因此一直以來都過著安居樂業的生活，但也因此被史書所忽略，等到大家開始發現蜀地的重要時，已經是很久很久以後的事情了。

這尊三星堆出土的青銅人像，高 181 公分，修長的身材，穿著長袍，長袍的後片有像燕尾服一樣的剪裁，長袍還有漂亮的花紋。這個青銅人，有方方的下巴，大大的耳朵和眼睛，高高的鼻子和寬寬的嘴，手上好像原本拿了什麼東西，只是出土的時候已經不知去向了。考古學家認為，這一尊人像可能是「群巫之長」的大巫師，也可能是某位蜀王的塑像。

這是三星堆出土的青銅神樹，高超過 350 公分。樹幹分岔出三組樹枝，每組又分岔為三根樹枝，每根樹枝上各有一隻鳥。有的考古學家認為，這棵神樹可能跟傳說中天上有十個太陽的故事有關。因為傳說中這十個太陽是十隻鳥，每天一隻鳥飛出去當太陽照亮世界。不過在這棵神樹上沒有看到第十隻鳥，或許是飛出去當太陽了吧？也有學者認為，這是一棵帶有神性的樹，是蜀人幻想成仙的天梯也說不定。

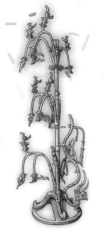

多元文化的超展開

　　受到以往史書的影響，大部分的人都把目光集中在黃河流域的歷史上。但是在同個時期，除了黃河流域以外的許多地區，都已經發展了各自不同的歷史與文化，這就是「文化多元的超展開」。這裡提到的蜀文化，是近年來才從地底下被挖掘出來的「三星堆文明」。從三星堆挖出來的器物，都是很有水準的青銅器，故事裡提到的面具，因為長得和一般人不同，而且器物上又有許多像現代飛行器的圖案，因此也曾謠傳三星堆是外星人或古代高科技文明的後裔。

　　由於三星堆文明還不算是「信史時代」，所以這個文明的歷史到現在都還是個謎。故事中的杜宇，是史書上提到的神話人物，傳說他從天而降，當地人因此尊稱他為「望帝」，但究竟杜宇是否真有此人？是不是三星堆文明中的要角？或者只是黃河流域的歷史傳到蜀地之後的改編故事？到現在都還沒有答案。

犬戎

渭 水

周

商

蜀

巴

五、定型的文明：

封建制度下的西周

1. 封建制度與宗法制度

　　姬發打敗了帝辛之後，把國都遷到了鎬京，改國號為「周」，並自稱周王，尊稱西伯昌為周文王。可是，商王的家族並沒有輸得心服口服，為了避免他們叛亂，姬發遵照了 安撫前朝 的指示，特意保留了殷這塊地方給帝辛的兒子武庚家族居住。但是，姬發對他們很不放心，常派密探打聽那裡的消息。這天，密探又帶回了殷城中對周王不滿的謠言。

安撫前朝

　　中國歷代以來更換過不少朝代，怎麼處置前代的王室貴族，一直是令新一代君王頭疼的問題。當然，新的君王可以一併趕盡殺絕，斬草除根。但往往總是有漏網之魚，到處招兵買馬反抗王朝，造成新君不能安心統治的困擾。於是，比較聰明的君王會讓前朝剩餘的王室成員繼續享受原有的福利和地位，只是不能享有統治權與軍事權，這樣安撫的方式讓前朝的王室成員雖然失去統治權，但是卻仍然能過上舒適的日子，久而久之，也就不那麼反對新王朝，乖乖的當一個聽話的臣民了。

「真是的！」姬發生氣的說，「都賞賜給他們這麼好的福利了！居然一點都不滿足，我乾脆發兵把殷城夷平算了！」

「王兄千萬不可啊！」姬發的弟弟姬旦說，「我們王朝才剛建立沒有多久，如果又再度發動戰爭，不是件好事。而且我聽說東方靠海的一些部落也都蠢蠢欲動，我們還是不要太莽撞比較好。」

「那你說該怎麼辦？」姬發煩惱的說。

「不如請王兄派我們的兄弟就近監視他們吧！」

姬旦的建議獲得了周王的支持，就任命自己的三個弟弟：管叔、蔡叔和霍叔為「三監」，到殷的周圍，就近監視他們，以免武庚家族叛變。

這事過了才不到兩年，姬發就過世了，他的兒子即位，尊稱父親為周武王。因為姬發的兒子年紀很小，所以姬發臨死前請弟弟姬旦多照顧新王，幫助處理國家大事。不過，管叔和蔡叔對這個安排相當不滿。

管叔說：「為什麼是姬旦來輔佐？論輩份，我排行老三，他是老四，應該是由我來輔佐姪兒才對！」

　　蔡叔說：「就是啊！三哥能力強，又比四哥年長，本來就該由你來輔佐才對！」

　　管叔接著說：「當初老四建議哥哥要把我們分封到殷那邊，說是要去監視商王的家族，其實是要把我們趕得遠遠的，他才好掌握大權！」

　　蔡叔忿忿不平的說：「我就覺得這當中一定有鬼！」管叔和蔡叔對輔政的姬旦越來越不滿，索性聯合了武庚一起叛變，打算殺了姬旦，掌握大權。

　　眼看情勢危急，姬旦立刻率領軍隊，由鎬京往東展開反擊。雖然管、蔡和武庚聲勢浩大，連東方靠海的一些部落也加入了反叛的陣營，但是這群軍隊各有

我聽說兩位對周公不大滿意……

合作愉快啊！

私心，不能團結。反倒是姬旦的軍隊以保護周王為名，花了三年的時間，終於殲<ruby>殲<rt>ㄐㄧㄢ</rt></ruby>滅叛軍。

周王在鎬京迎接了凱旋歸來的姬旦。周王說：

「叔叔這幾年辛苦了！」

「這本是臣下分內之事，只是分封三監之事，引發了這些問題。現在王上的領土又擴大了許多，今後得想個法子才能好好治理這片土地。」

「叔叔說的是，但不知道有什麼好法子呢？」周王年紀還很輕，這個問題對他而言確實不容易。

「臣下倒是想了一個方法。」姬旦說。

「叔叔請講。」

「以臣下之見，我們應該在東方再設立一個大城市，把商的百姓遷到這裡，並且派軍隊監督管理他們，

武王伐商　分封諸侯　武庚及管蔡之亂　周公東征　營建東都　再次分封

讓他們沒辦法反叛。除此之外，還需要靠兩個疊疊塊，才能使我們周王室得以長久強盛。」

「喔？是哪兩個疊疊塊呢？」周王好奇的問。

「王上必須讓您信得過的人來管理這個國家，把土地分封給我們親人，或是忠心的功臣。當然，我們自己的封國一定要占大多數，這樣才能保持我們家族的優勢。而且，王上既然是上天之子，應該尊稱您為天子，讓天下的諸侯和百姓都接受您的統治。各諸侯都有保衛天子的義務，而且每年固定都要繳稅給王上，充足您的國庫。而王上的軍隊必須比所有諸侯們的軍隊加起來還多。讓王上有最大的土地、最多的財富，以及最強大的軍隊，這就是封建制度。」

「不過，封建制度還要以宗法制度為基礎，」姬旦邊把封建制度疊在宗法制度上邊說，「之前商朝王室的繼承亂七八糟，好像弟弟也可以，嫡長子也可以，弄得王室很不平靜。宗法制度就是讓嫡長子成為唯一的繼承人，其餘的孩子就依次序往下分封，整個國家一層一層的推疊上來，王上要治理起來也就簡單

得多，您就可以高枕無憂了！」

「這太好了！就照叔叔的計畫辦！」

從此，封建制度與宗法制度成為中國千百年來不變的繼承法則，儘管朝代不斷更替，這套政治制度就像一個固定的架子一樣，套在每個新建立的朝代身上，長久定型了。

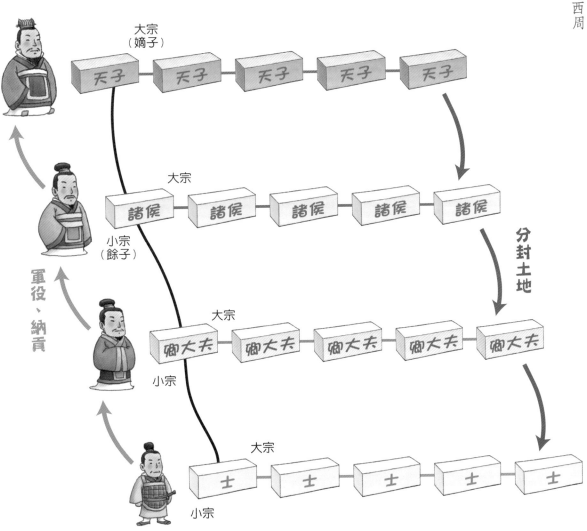

獫狁

黃

犬戎

霍

殷

渭 水

河

管

雒邑

水

鎬京

徐夷

蔡

淮

江

長

淮夷

商勢力範圍
周勢力範圍
第一次封建封國
第二次封建封國

疊疊塊猜謎

夏商周人物猜一猜，請幫忙為左邊的文字配對上正確的人名疊疊塊

● 英雄出少年，中興復國君主

周公

● 誓言「我一定要遷都」

少康

● 輔佐君王，奠定國家基礎

帝辛

● 暴虐自大，後人稱「紂王」

盤庚

先秦疊疊樂

2. 從成康之治到犬戎之禍

過了一段時間，東方的大城建好了，取名「東都雒邑」，周王集合天下諸侯舉行了盛大的冊封諸侯典禮，並且由姬旦在大會上宣布了各樣的典章制度，所有的規矩都必須依照一定的禮儀來進行，甚至要配上合宜的音樂與舞蹈，這就是 制禮作樂 。若諸侯能在小事情上遵守規矩，自然對於國家、天子該有的禮貌與尊敬，都可以維持得很好。

看來一切的政治都已經上了軌道，姬旦就把權力交還給周王，而後人對於姬旦相當推崇，因此尊稱他為「周公」。而這位周王日後被尊稱為周成王，他和他的兒子周康王都是好王；他們在位期間，天下安寧，人人安居樂業，過著愉快的生活，這段時間被稱為「成康之治」。

用諡ᵖ號打分數

　　從這段開始，我們提到了周成王、周康王、周宣王……等等的周王，這些「成」、「康」、「宣」等字，叫做「諡號」。當這些周王活著的時候，天下只有一個周王，等他死了以後，由負責禮儀的官員按照他的行事為人給他一個諡號，而諡號有好有壞，等於是由後代的人為過世的王打分數，這個規矩一直被沿用到清朝。除了帝王，諸侯和大臣也會有諡號。為了讓自己能有個好諡號，這些人物都必須留意自己的言行舉止，才能讓自己死後的分數不要太差。

　　但是康王之後的王都不用心治國，有的對人民徵收很高的稅賦，有的不斷向外發動戰爭，造成周朝的國勢開始動搖。第十位周王甚至禁止大臣與人民批評自己，凡是批評的人，一律處死。最後人民受不了把他趕走。眼看湯的 革命 差點又被拿了出來，好在忠心的兩位大臣──周定公

快跑啊！

和召穆公靠著 攝政 消除了民怨，也穩定了朝政，國家就由他們共同管理。直到被趕走的周王死了，兒子深切反省父親的錯誤，才重新獲得了諸侯和人民的敬重，他就是周宣王。因為他認真治國，所以這段期間被稱為「宣王中興」。

不過宣王晚年的時候，因為以違背宗法制度的方式干涉諸侯國君的繼承造成 宗法制度 動搖，引起諸侯不滿；加上他也學商代的帝辛濫用 開疆闢土 ，對外征伐卻又戰敗，國勢再度衰弱。

宣王死後兒子即位，愛上了一位叫做褒姒的女子。褒姒長得非常漂亮，但是卻不愛笑。為了逗褒姒笑，周王用盡了各種方式，卻依然沒有辦法逗她開心。

周王心想：「不如我讓褒姒的兒子伯服當太子，褒姒就是王后，這樣她一定會很高興。」可是，周王實在找不到

衝啊！

宣王中興

藉口廢了現在的太子宜臼。

有一天，太子的僕人到花園裡摘花，準備布置王后的宮殿。沒想到為了摘花的事情，太子的僕人和褒姒的僕人吵了起來，正巧褒姒和太子來到花園裡，而廢太子的謠言早讓太子對褒姒懷恨在心，現在又看到褒姒的僕人這麼傲慢，新仇舊恨加在一起，忍不住就打了褒姒。褒姒跑去向周王告狀，氣得周王將太子趕到他外公，也就是王后父親申侯的封國去，要他好好反省。

思念太子的王后寫信給太子，希望他能向父王認罪，先回到王宮再作打算。沒想到這封信竟落到褒姒手裡，褒姒跑去跟周王告狀，說太子和王后想回到王宮，欺負自己和伯服。這下可讓周王氣壞了，隔天就下詔廢掉王后與宜臼，改立褒姒為王后，伯服為太子。

結果褒姒笑了嗎？沒想到她還是一樣冷冰冰的不肯笑，反倒是這種擅自廢立太子的舉動，讓周公好不容易建立起來的 **宗法制度** 出現了裂痕。

有一天，周王與褒姒在城樓上散步，褒姒看到了城牆上一座座高塔，就問周王說：「這些是什麼塔？」

周王說：「這是烽火臺，當有敵人來攻打本王的時候，我只要下令點起烽火，沿途一座座的烽火臺就會跟著點起來，各地諸侯看到信號，就會帶著軍隊來保護我。」

「真的嗎？」褒姒有點懷疑，「我才不

相信那些諸侯會這麼聽話……」褒姒的話可讓愛面子的周王不服氣了，立刻下令點起烽火。

「可是，」守城的將軍很為難，「大王，現在沒有敵人來攻，怎能隨意點火呢？」

「我叫你點就點，難道你想抗命不成？」

守城將軍只好下令點火。於是，一座座的烽火臺飄起了陣陣白煙。沒多久，各地的諸侯接到信號以為有敵人來攻，立刻率軍前來保護周王；但因為烽火的信號來得太突然，大軍根本來不及準備，所以諸侯的軍隊一片大亂。

看到亂成一團的諸侯軍隊，褒姒覺得有趣極了。尤其是當諸侯知道根本沒有敵人進攻之後，臉上那種被騙了的

模樣，更讓褒姒開心的笑了。周王迷上了褒姒的笑容，心想要是這樣就能讓褒姒笑，我願意天天點烽火來讓她開心。從此以後，周王便時常下令點燃烽火臺，好騙諸侯發動大軍前來京城。一開始，諸侯都還會立刻趕來，但是日子久了，願意前來的諸侯越來越少。

　　而在諸侯們的心中，對周王的信任與尊敬也大大減低了。 宗法制度 才因為廢太子而出現裂痕，現在諸侯又因為周王的任意妄為而產生了不信任感， 封建制度 好不容易建立起來的穩固基礎，就在一次又一次的假烽火中，被燃燒殆盡。周公曾說：「 宗法制度 和 封建制度 是周朝賴以穩固的基石，如今基石都搖搖晃晃了，疊疊塔大概也撐不了多久。果然，有天敵人真的來了，而發動攻擊的，竟然就是周王自己的岳父——申侯。

　　自從王后被廢之後，申侯非常生氣，曾上奏要周王不要太寵褒姒。一些愛拍馬屁的大臣慫恿周王發兵攻打申侯，讓其他諸侯看看指責周王的下場是什麼。

　　周王被這話一激，立刻下令大軍攻打申國。申侯得知大軍來攻，緊張得不得了。因為周王軍隊的數目是侯國軍隊的好幾倍，申侯根本打不過。他的臣子建議向犬戎借兵，先發制人，攻入京城後，再立宜臼為太子。

　　犬戎是活躍於周朝西方的一群游牧民族，一直以來都和周朝的關係很緊張。嚇壞了的申侯一下慌了手腳，只好向犬戎 借兵 ，沒想到 借兵 的背面卻寫著 引狼入室 ，雖然打敗了周王的軍隊，卻也讓犬戎攻破了京城，周王被殺，褒姒被抓，全城落入了犬戎的手裡。這下糗大了的申侯只好請其他諸侯幫忙，才把犬戎趕跑，結束了這場被稱為「犬戎之禍」的災難，但周朝已經元氣大傷，再也無法回到過去的昌盛景象了。

沒人來救我！

周幽王

借兵與引狼入室

　　打不過敵人，找朋友來幫忙，這是歷史上常有的事情。但是，有的時侯朋友並不會願意白白幫忙，弄不好就會像申侯找犬戎幫忙一樣，引來一群更可怕的對手，長驅直入把自己的國家給滅了。犬戎之禍可以說是中國歷史上頭一次的引狼入室，但卻不是最後一次，在接下來的歷史發展中，這些情況總是不斷地重複發生。

春秋時代
戰國時代
西周
東周

六、燦爛多彩的文明：
從春秋到戰國

1. 春秋時代諸侯爭霸

在一陣燒殺擄掠之後，整個京城變得一片殘破，太子宜臼雖然被立為新一代的周王，但總不能在一片斷垣殘壁當中號令諸侯。於是宜臼決定把京城遷到東都雒邑，後代的人習慣把在鎬京時期的周朝稱為「西周」；遷到雒邑以後的周朝為「東周」。

按照封建制度，每年諸侯都要到京城來向周王進貢。可是，當宜臼把京城遷到雒邑之後，有些諸侯便

宗法制度

封建制度　制禮作樂

共主地位

先秦疊疊樂

從西周到東周

　　東周時期可以說是中國歷史上非常混亂的一個時代，卻也是文明發展燦爛多彩的時代。這裡將開始的故事，雖然充滿了戰爭的血腥與政治的勾心鬥角，但是在人文思想方面，卻是發展相當迅速的年代，這些發展大多與諸侯們各自追求富強有很大的關係。所以，無論是春秋時代的霸主，或是戰國時代的君王，他們強大的背後，都是許多有名的人才為他們建立起這些豐功偉業的，這些人物成了故事的主角，而西周時代那些站在封建制度頂端的周天子們，可以說都在這段歷史中成了配角而已。

在朝貢大典上缺席了。缺席的原因，自然是因為周王室自己破壞禮法，最後鬧出了犬戎之禍，還得靠諸侯幫忙才能平定。周王「天子」的地位，已經被諸侯們質疑，甚至有點瞧不起了。而諸侯不肯納貢只是破壞禮法的開端而已，整個東周可以看做是 **封建制度** 與 **宗法制度** 失靈與崩壞的過程。

　　在西周的時候，諸侯的領土都是周王分封的，不能夠隨意的改變。但是到了東周時代，強大的諸侯有時貪圖鄰國肥美的土地，便直接發動戰爭搶過來。這些事情周王雖然看在眼裡，但是因為自己沒有強大的軍事力量，所以也只能任憑諸侯之間相互攻打。

　　一個國家的大秩序被破壞了之後，各諸侯國內的小秩序也就不被重視了，因此，諸侯國內常發生大臣殺國君、弟弟殺哥哥以奪取諸侯之位的事情。而散居在外的游牧民族，看到周王朝一片混亂，也想趁機發動攻擊。

這樣的內憂外患就像一把槌子正在不斷敲打先民們辛辛苦苦堆疊起來的文明疊疊塔。好在此時有些諸侯國的國君出來維持秩序，他們獲得 `稱霸` 並自稱霸主，但仍然尊敬在雒邑的周王，霸主藉由強大軍事力量來維持各國之間的秩序與安定，同時也對抗著國境外蠢蠢欲動的游牧民族。這塊穩定大局的疊疊塊，就是東周初期有名的 `尊王攘夷`。

第一位霸主是齊國的國君小白，後人稱為齊桓公。齊國在東方靠海的地方，資源豐富，加上齊桓公任用管仲為宰相，把齊國治理得很好，在很短的時間內變成諸侯間最強大的國家。因此，在周王處於內憂外患的情況下，齊國成為第一個出來維持秩序的霸主。

齊桓公

當時北方有狄人與山戎來攻，南方的楚國國君不但自立為王，還不肯對周王納貢，齊桓公先發兵擊敗了北方的外敵，又聯合諸侯大敗楚軍，迫使楚國跟諸侯們訂定盟約，限制了楚國向北發展的機會。

不過，齊桓公過世之後，五個兒子爭奪國君之位，齊國的霸業也就在一片混亂中結束了。

齊桓公的稱霸

齊桓公小白能夠成為第一個霸主，跟管仲的幫助有很大的關係。管仲原本輔佐的是小白的對手公子糾，後來公子糾敗給小白。但小白並不在意管仲之前的種種，反而誠懇地請管仲當宰相。事實證明，小白的眼光是對的，齊國在管仲的協助下，變成超級強國，小白也成為春秋時代第一個霸主。

宋國的國君率軍隊協助齊國平亂，一時之間聲名大噪，後人尊稱他為宋襄公。他本來想藉此聲勢接替齊桓公為霸主，當時楚國趁齊國大亂北上進攻，宋襄公決定給擅自稱王的楚王一個下馬威。

宋軍與楚軍在河的兩岸對峙﹙ㄓ﹚。宋軍大將建議趁楚軍渡河的時候迎頭痛擊，但宋襄公卻說：「趁人之危，是不道德的事情，我們等楚軍過了河再戰。」

楚軍過了河，整理好軍隊，一下子就把戰力不強的宋軍打敗。宋襄公還因此中箭，最後傷重而死。宋襄公的大敗，是因為堅持周朝的禮法制度以及高度的道德標準，但這些由周公所訂定的美好標準，也隨著宋襄公的大敗而被人遺忘，制禮作樂 大概也早就不知道被丟到哪裡去了。

晉文公

眼見楚國越來越囂ㄒㄧㄠ張,晉國的國君重耳看不下去 , 在成濮ㄆㄨ之戰中打敗楚軍,並且招集諸侯,再次宣告「尊王攘夷」,讓快要被世人遺忘的周王,重新獲得尊重。而重耳也因此成為第三位主導政局的霸主,就是史書上記載的晉文公。

重耳流浪記

晉文公重耳在還沒當上國君以前,其實經歷過一段在外流浪的日子。當時晉國大亂,重耳帶著一些大臣在各國間流浪,曾經一度餓倒路旁,靠著忠心的介子推割自己的大腿肉給重耳吃才勉強活了下來。後來,重耳才在秦穆公的幫助下回到晉國成為國君。

晉文公過世後,在西方的秦國,眼見晉國一下子沒了主公,打算攻打晉國南方的鄭國,一方面挫挫晉國的銳氣,一方面看看能不能因此往中原擴張領土。但秦國與鄭國之間是周天子的領土,要攻打鄭國一定得經過這裡,如此大張旗鼓的事情 , 讓鄭國早有準備,秦軍知道錯失先機,只好又撤回軍隊,結果卻在路上碰到晉軍。

秦穆公

疲累不堪的秦軍，被強勁的晉軍打得全軍覆沒，原本想趁人之危的秦國，反而元氣大傷，只好轉而向西發展，等待將來有機會再重返中原，而這位稱霸西戎的秦國國君就是春秋時代的第四位霸主——秦穆公。

楚莊公

問鼎中原

另一方面，成濮之戰後，楚國還是沒有放棄進軍中原的打算。趁著原本與楚國友好的鄭國去跟楚的死對頭晉國結盟，讓楚王找到藉口北上攻打鄭國。晉國雖然立刻發兵救援，但此時晉文公早已過世，國勢大不如前，晉軍被楚軍打敗，楚國終於在楚莊王時也成為天下承認的霸主。

春秋

北燕

黃

齊　臨淄

晉　曹
絳　雒邑　衛　魯

秦　　　　宋
雍　鎬京　　商邱

淮

鄭

渭水河

江　長

楚　郢

吳

越

不過，後來晉國再度奮發圖強，打敗了楚國，奪回了霸主的地位，成為稱霸最久的霸主。晉楚兩個強國打的不可開交，夾在中間的鄭國、宋國可以說是哀鴻遍野，紛紛丟出一些希望可以減少痛苦的疊疊塊，其中最有效的就是宋國的大臣華元和向戌使用的 **弭兵之盟** 了。

　　所謂弭兵，就是希望大家不要再打仗，彼此和平相處，也讓各國可以好好休息一下。特別是向戌，他所疊的 **弭兵之盟** 不但使晉楚兩國維持了四十年的和平，也讓夾在中間的這些小國可以喘口氣。

　　同樣是小國，遠在東南地區的吳越兩國，因為躲在偏遠的角落，沒有受到大國的侵略，靠著富庶的農業生產而壯大起來。

　　最先發展的是吳國，由於楚王殺了大臣伍子胥的父親，讓伍子胥氣得逃到吳國，幫助失勢的闔閭當上吳王，並且和軍事專家孫武共同訓練吳國的軍隊，對楚國發動攻擊，一路打到楚國的都城，要不是秦國出兵幫忙援助，吳國差點就把楚國給滅了。

　　但是闔閭卻因此驕傲自大，打算把旁邊的越國一起消滅，卻沒想到被越王句踐打敗，自己也戰死沙場。闔閭的兒子夫差成為吳王，每天睡在木柴堆的 **臥薪** 上，提醒自己不要忘記報仇。經過了多年的努力，終於打敗句踐。不過，夫差卻和父親一樣因此驕

傲起來，不聽伍子胥的建議，只顧享樂。夫差不知道句踐準備了一個用苦膽做成的 **嘗膽** ，掛在床頭，每日嚐嚐苦澀的味道提醒自己不要忘記被夫差打敗的屈辱。經過了幾年的時間，越國的國勢一天天強大，而夫差卻一點也沒有在意，甚至還把伍子胥殺了。

伍子胥一死，句踐知道夫差身旁已經沒有人可以輔佐了，立刻發動軍隊，大敗吳國。並且一路北上，和其他大國平起平坐，並獲得周王任命為霸主。

不過，句踐死後，越國國勢就衰弱下去，最後被楚國給滅了，讓東南地區好不容易得到的 **稱霸** ，又再度被北方的大國搶了回去。

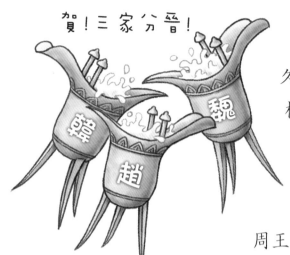

賀！三家分晉！

韓 趙 魏

前面說到雖然晉國是握有 稱霸 時間最久的霸主，但是晉國的大權，卻慢慢的落入大臣們的手中。後來，韓、趙、魏三大家族，瓜分了晉國的領土，請周王正式任命三家為諸侯，歷史上就稱為「三家分晉」。

三家分晉之後，齊國的大臣也有樣學樣，趕走國君，自己取而代之。這個情況說明原本以禮相待、尊重宗法的周人，已經不顧這些規矩了，因此後代的史學家就以三家分晉當作一個界線，結束了春秋時代，進入戰國時代。

東周＝春秋＋戰國

東周又可以分成「春秋」和「戰國」兩個時代。不過，春秋和戰國的分隔線究竟在哪一年，史學家也有不同的解釋。在這本書中，我們參考史學家司馬光所寫的《資治通鑑》，把韓、趙、魏三家族瓜分晉國的這一年，當作是戰國時代的起點。

2. 戰國七雄割據為王

　　春秋時代的霸主一次只有一個，戰國時代卻是有實力的國家同時並起。他們甚至可以不顧周天子的想法，自立為王（春秋時代只有楚王敢做這樣的事）。這時候的情勢，就變成以秦、楚、燕、齊、韓、趙、魏等「戰國七雄」主導的歷史局面了。

　　為了在戰國時代贏過其他國家，各國都得各憑本事求取富強，而求取富強的法寶，就是 變法 。所謂的變法，就是各國國君，任用有能力的人，為自己的國家打造最適合的法律制度，像是魏國吳起、秦國商鞅ㄧㄤ，都是當時很重要的人物。

我要富國強兵

　　吳起後來投靠楚國，一樣靠著變法讓楚國壯大。而商鞅本來是衛國人，但是一直沒有受到重用，後來到了秦國，帶著自創的 商鞅變法 ，深受秦國國君的支持，大力改革秦國的許多制度，可以說是中國歷史上最成功、效果最顯著的一次變法，讓秦國一天比一天強大。

商鞅變法——從一根木頭開始

　　商鞅的變法被稱為是歷史上最成功的變法，即使商鞅死了，他所建立的法律制度依然深深影響著秦國，也是秦國會這麼強大的原因。一開始，人們也懷疑商鞅是不是玩真的？商鞅為了獲得大家的信任，就在南城門放了一根木頭，然後下令：「誰要是能把這根木頭搬到北門，就可以得到五十金。」百姓覺得這種簡單的事情怎麼可能拿到五十金？但是卻有人真的去搬了，並且真的獲得了五十金的賞賜。百姓因此就相信商鞅是個講信用的人，而他的變法，也就被百姓所接受了。

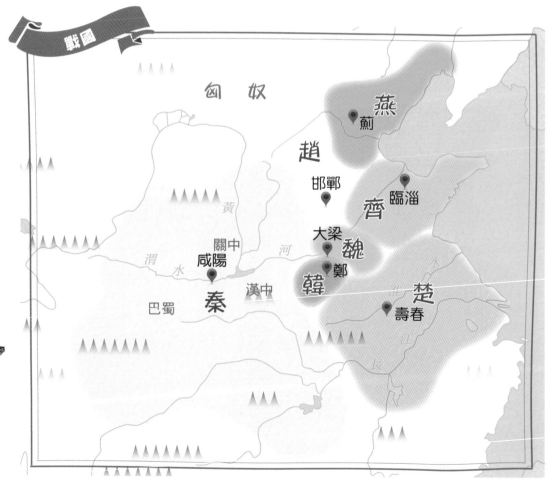

3. 用人唯才百家爭鳴

在西周時代，社會是由封建制度堆疊起來的。國家分為貴族和平民兩個不同的身分。但是在宗法制度的繼承下，貴族有一定的人數限制，多出來的貴族後代，就自然變成平民了。但是，封建制度卻限制了平民成為貴族的可能性，除非有大的功勞，不然一輩子都是平民。

到了東周，各國國君想起了商朝被弄斷的 人才 ，瞭解擁有越多的人才，才能使國家富強，但改革國家制度最常傷害到的就是貴族的利益，所以貴族往往是第一個跳出來反對改革的。國君為了壯大國勢，只好從民間尋找優秀的人來幫忙進行改革，這也就是平民可以受到國君重用的原因。

不只是國君需要人才，有些貴族也會希望獲得人才，給自己一些建議，使自己也能得到國君的重用。這種招募人才作為自己「門客」的風氣在戰國時代特別流行，也就是貴族們之間口耳相傳的 養士之風 。這些門客可能平常看起來不起眼，但是一旦到了危急的時候，總能發揮他們的長才。

齊國有一位公子叫做孟嘗君，是戰國時代有名的「養士四公子」之一。有一天，孟嘗君家裡來了兩個人，一個聞起來渾身髒臭，一個看起來臉紅脖子粗。說起他們的特長，其他的門客都笑了。渾身髒臭的說他會學狗的樣子；臉紅脖子粗的說他會學公雞叫。但孟嘗君覺得兩人既然願意成為自己的門客，就應該歡迎，於是接納他們住下。

　　不久，孟嘗君與門客們前往秦國，秦王想要留下孟嘗君成為自己的幫手，但孟嘗君不願意，秦王就把他們軟禁起來。孟嘗君無法離開秦國，非常焦急。他的門客打聽到秦王對一位妃子非常寵愛，若是透過她來勸秦王，說不定孟嘗君就有機會離開秦國。

　　但是，這位妃子雖然答應幫忙，卻要求門客送她一件用白色狐狸腋下的皮毛做成的裘衣。這件裘衣全天下只有一件，而且就是在秦王的寶庫裡。門客們全都慌了手腳，不知所措，眼看是無法回到齊國了。

　　就在這個時候，那位會學狗的門客二話不說，裝扮成狗的樣子，悄悄地潛入了秦王的寶庫，成功的偷到了這件裘衣，送給了秦王的愛妃，而孟嘗君也真的被放了出來。

　　獲得自由的孟嘗君也不敢再在秦國停留，連夜便想逃回齊國。可是此時城門都關了，必須等到雞叫了才會開門。於是那位會學公雞叫的門客跳上屋簷，大聲學起公雞叫，讓城門周圍的公雞也一起叫了起來，守門的將士以為開城門的時間到了，便將城門打開，放孟嘗君一行人出城。這種「雞鳴狗盜」的門客，就在關鍵時刻成為他們主人的幫手。

而為了獲得國君或貴族們的青睞，有才華的人紛紛發揮自己的聰明才智，同時也吸引了很多人來向他學習，因此就成為一個個老師帶著一群群的學生，在各國遊走，尋找機會，等待被國君或貴族任用。這些人各有各的一套理論，後人便將這些五花八門的學說稱作是「諸子百家」，其中大致可以分類為「九流十家」，他們常聚集在一些客棧酒樓，高談闊論，相互爭辯，甚至寫書傳佈理想，上奏國君，期待終有一日可以獲得國君的重用。在秦國的一家小酒樓裡，就聚集了來自各地，等待機會大展所長的知識分子，玩起了 九流十家 疊疊樂。

法家
雜家
縱橫家
小說家
名家
陰陽家
農家
道家
墨家　儒家
百家爭鳴

九流十家疊疊樂

在東周時代，由於人才輩出，國君亟需靠著這些人才使國家富強。這裡的秦國小酒樓，只是一個時代的想像縮影。不過，在戰國時期的齊國，就曾以官方的力量，辦了一個讓各家學者可以聚集在一處的場地，稱為「稷下學宮」，在當時就聚集了許多諸子百家的學者在此講學辯論。

首先，一位長相頗為粗壯的中年人從中抽了一塊 墨家 往上頭疊，說：「唉！這個時代整天打來打去的有什麼意思？大國打小國，強國欺弱國，根本沒有相愛之心，應該把別人的國家當成自己的國家，何必這樣互相發動戰爭呢？」

「你說要大家愛來愛去的，這太夢幻了，」另一個長相斯文的人，抽起了 儒家 ，邊疊邊說：「沒有發自內心，效法周公的禮法制度作為約束，一切都是空談。我覺得還是我們儒家好。我的老師孟子跟師祖孔子，他們都認同周公時期是最美好的時代。師祖說，只要心中有『仁』，就不會做出傷害別人的事，對父母都會孝順、對兄弟就會友愛、對朋友講信用，對國家講忠誠，這樣國家自然就會富強了。」

「唉呀！何必如此煩惱呢？」一位老先生說：「你們這些讀書人成天就想著要當官發財的。想想古代的社會多好，既純樸又善良。大家老老實實過日子。小小的國家，小小的村莊，根本沒有你們會煩惱的事情。」老先生說完，喝了一口小酒，就把 道家 給疊了上去。

「聽你們這樣說，看來你們其實不瞭解真正的天道，」一個打扮得陰陽怪氣的先生，用顫抖的手疊上了 陰陽家 ，說：「這個世界是由金、木、水、火、土五種物質組成的，它們彼此之間的關係運轉了宇宙。人要順服天道，才不會過得那麼痛苦。」

「對！順應天道，我們農家最順應天道了，」一個背著鋤頭的大叔聽了陰陽家這麼說，便抽出了 農家 來往上疊，「但是，這要從君王開始做起啊！不能我們種田流汗，他在王宮中享福，大家一起下田，感情才會好！」

「你這太不切實際了！」旁邊一位書生跳出來發言，順手疊上了 名家 ，說：「君王既然是君王，就該有君王的樣子，作君王的事，這才名實相符。君王去作農夫的事，農夫去作君王的事，天下不就大亂了？」

聽這書生說得太抽象，在旁的兩個年輕人站起來打算走了，離開前丟了塊 縱橫家 在桌上，喃喃自語的說：「與其講這些空談，不如實際去遊說秦王，讓他接受你們的想法，誰能讓秦國強大，誰的學說就是有用的學說不是嗎？」

一個年輕人拿著毛筆在竹簡上振筆疾書，手裡握著 小說 ，他將這些人在酒樓中的對話一一寫下來，鉅細靡遺的紀錄著每個人說話的樣子，以及他們的神態。

旁邊坐了另一個男子，也是拿著毛筆振筆疾書，但他和小說家不同，他想把每個人講的理想，混合在一起，把好的留下，不好的去除。他的竹簡頭上就寫著：「雜家筆記」。用來當筆架的，正是塊 雜家 。

　　突然間，一個軍官帶著一群士兵進了酒樓，嚷^{日尤}嚷著說：「你們這群人一天到晚在這裡說閒話，不做正事，大王有令，把你們這些個傢伙全趕走！通通幹活兒去！」說罷，拿著大刀往桌上一砍，剛剛就已經搖搖欲墜的九流十家疊疊樂，就這樣嘩啦全倒了。頓時酒樓一哄而散，軍官一屁股坐下來，把玩著桌上僅存的 **法家**。軍官邊喝酒邊說：「嘿嘿！還是老師說的對，國家還是要用法律來治理才有辦法，什麼仁義道德？我才不相信！該賞就賞，該罰就罰！兄弟們！咱們去下一家酒樓趕人去！」

　　而就像這軍官說的，秦國自商鞅變法以來就以法立國，賞罰分明，因而成為列國之中發展最迅速的國家。儘管商鞅的新法最後因為得罪貴族被誣告謀反而死，但他所倡議的變法，卻為秦國的強大奠定了基礎，讓秦國一天比一天強大，並且向外擴張領土，一個新的時代似乎就要來臨了。

先秦疊疊樂

90

4. 合縱連橫各有盤算

　　秦國的強大，讓其他各國開始憂心忡忡，深怕自己將是下一個被秦國滅掉的對象。有個名叫蘇秦的人，是屬於縱橫家這一派的，便帶著合縱到各國遊說，希望六國能夠一起合作，共同對抗秦國。

　　起初六國的國君也大多認同蘇秦的想法，因此紛紛堆疊加入「合縱疊疊樂」這場賭注，甚至讓蘇秦掛上六國的相印，讓六國聽候他的命令。但是，秦王的謀臣張儀，卻看出了各國雖然加入合縱這一邊，卻是各懷鬼胎，各有盤算。於是，張儀就到各國向國君們遊說，告訴他們和秦國作朋友是多麼好的一件事情。藉此將各國堆疊的疊疊塊一一抽掉。起初，只是一兩個國家宣布退出合縱，但是，這個本來就不是那麼穩固的疊疊塔，就在他們一一退出的時候，開始崩塌了。

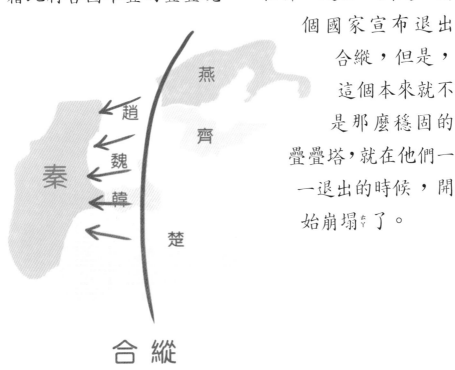

合　縱

張儀帶著 連橫 ，讓各國以交換城池、王室聯姻、合作攻打其他國家等方式，使各國脫離合縱的盟約。儘管仍有像蘇秦一樣看透了張儀詭計的公孫衍等人在國際間大聲疾呼 合縱 的好處，但是卻不敵秦國強大的軍事壓力，讓各國反倒是爭先恐後的加入張儀的 連橫 中。

　　但張儀所提出來的許多優惠條件，很多不過只是說說而已。張儀先去說服了六國中土地最廣大的楚王，希望秦楚兩大強權可以合作，共同統治天下；然後又拿著秦楚合作的事實，去韓國對韓王施壓說：「現在秦國和楚國已經合作了，韓國這麼弱小，又夾在各國中央，若是不肯與秦國合作，等秦軍兵臨城下就太遲了。」韓王一聽嚇得半死，趕緊表明了要和秦國合作的心意。

連　橫

之後，張儀又跑去最束邊的齊、燕兩國，對齊王與燕王說：「齊、燕兩國雖然離秦國很遠，但現在各國紛紛與秦國合作，齊、燕兩國若是繼續和秦對立，遲早有一天會被其他國家排擠，甚至是兵戎相見。」被張儀這麼一說，齊王和燕王都覺得和秦國合作才是上上之策。

張儀持續用許多理由，或是利誘、或是威脅，終於讓六國之間的互信完全瓦解，就像一盤散沙，沒有共同對抗秦國的力量了。

蘇秦與張儀，合縱與連橫

蘇秦與張儀的事蹟，是戰國時代最精彩的故事之一。他們兩人都是縱橫家大師鬼谷子的學生，卻各自發展出不同的理念與謀略，讓戰國時代的歷史增添了許多精彩的篇章。一開始，其實是蘇秦先獲得了趙國國君的重用，任命他為相國，而張儀卻是在楚國被誣賴為小偷而差點丟了性命。撿回一命的張儀想投靠蘇秦，但卻被蘇秦冷冷的對待，讓他一氣之下投奔秦國，這才受到秦王的賞識。張儀後來才知道，原來蘇秦是看中張儀的才能，才故意用計策激怒他，讓他投奔秦國的。可惜的是，蘇秦後來遭暗殺身亡，不然也許這段合縱與連橫的爭奪戰還有更多可以期待的發展。我們可以從一本叫做《戰國策》的書中，讀到像蘇秦與張儀這類縱橫家的許多精彩辯論。他們總是動動舌頭，就可以左右國際局勢，甚至發動戰爭，可以說是中國歷史上最早的外交政治家。

天下是我的了！

1

當秦國王位傳到了秦王政的時候，秦國已具備了統一天下的實力，在秦王掌握了秦國大權之後，便開始發動殲滅六國的戰爭。

首先，秦軍先趁趙國攻打齊國的時候，出兵攻打趙國，讓趙國因此戰力大減。然後趁趙國自顧不暇之際，進攻弱小的韓國，讓韓國成為第一個從戰國七雄中消失的國家。

之後秦軍趁趙國遭遇旱災，出兵趙國，不到兩年的時間，就將趙國滅了。沒有了趙國和韓國做靠山，魏國馬上就成為秦國的下一個目標，僅僅一年的時間，魏王就出城投降了。

2

而六國之中，就屬地大物博的楚國最讓秦國擔心，多次派兵和楚軍交戰，就是沒辦法取得勝利。直到魏國滅了，秦王派老將軍王翦率六十萬大軍伐楚，採取穩紮穩打的策略，終於把楚國滅了。

3

燕國和齊國地處偏遠，原本以為可以置身事外，但隨著各國依序被滅，不由得也緊張了起來。燕國太子丹派刺客荊軻假扮成使者，要趁獻地的機會刺殺秦王，最後卻失敗了，反倒讓秦王有了攻打燕國的理由，沒花幾年的時間就滅了燕國。

4

齊國在燕國南邊，在燕國戰敗之後也逃不過滅國的命運，終於在秦王政在位的第二十六年，推倒了戰國七雄堆疊已久的疊疊樂，重新洗牌，疊成「天下一統」，結束了這紛紛擾擾的戰國時代。

燕
薊

邯鄲

齊
臨淄

大梁
魏
鄭

楚
壽春

淮

江

長

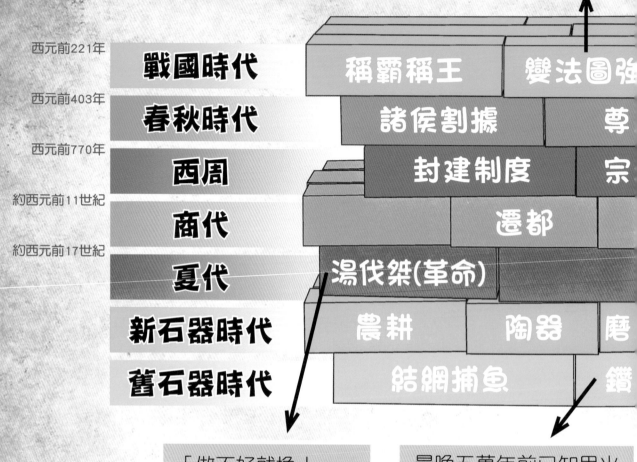

西元前221年	戰國時代
西元前403年	春秋時代
西元前770年	西周
約西元前11世紀	商代
約西元前17世紀	夏代
	新石器時代
	舊石器時代

稱霸稱王　變法圖強
諸侯割據　尊
封建制度　宗
遷都
湯伐桀(革命)
農耕　陶器　磨
結網捕魚　鑽

「做不好就換人」，影響後世政治發展

最晚五萬年前已知用火

小遊戲解答

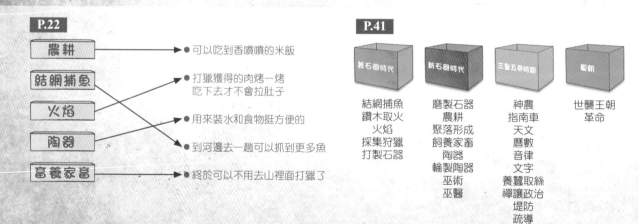

P.22

農耕	● 可以吃到香噴噴的米飯
結網捕魚	● 打獵獲得的肉烤一烤吃下去才不會拉肚子
火焰	● 用來裝水和食物挺方便的
陶器	● 到河邊去一趟可以抓到更多魚
畜養家畜	● 終於可以不用去山裡面打獵了

P.41

舊石器時代	新石器時代	三皇五帝時期	夏朝
結網捕魚	磨製石器	神農	世襲王朝
鑽木取火	農耕	指南車	革命
火焰	聚落形成	天文	
採集狩獵	飼養家畜	曆數	
打製石器	陶器	音律	
	輪製陶器	文字	
	巫術	養蠶取絲	
	巫醫	禪讓政治	
		堤防	
		疏導	

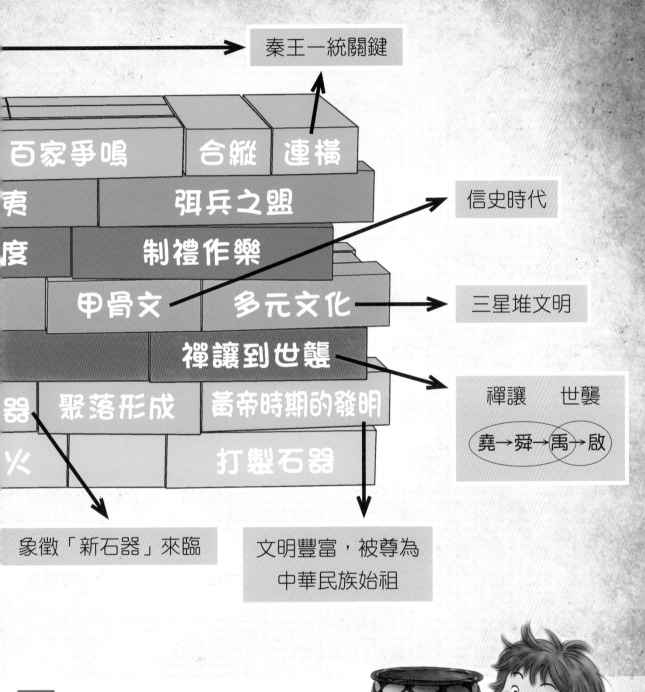

秦王一統關鍵

百家爭鳴　合縱　連橫

夷

度

弭兵之盟

信史時代

制禮作樂

甲骨文　多元文化

三星堆文明

禪讓到世襲

禪讓　世襲

堯→舜→禹→啟

器　聚落形成　黃帝時期的發明

火　　打製石器

象徵「新石器」來臨

文明豐富，被尊為
中華民族始祖

P.64

- 英雄出少年，中興復國君主　　　周公
- 誓言「我一定要遷都」　　　少康
- 輔佐君王，奠定國家基礎　　　帝辛
- 暴虐自大，後人稱「紂王」　　　盤庚

胡其瑞

筆名「出谷司馬」，政大歷史系碩士，曾任中研院歷史語言研究所助理， 目前為政大宗教研究所博士候選人。偶爾喜歡在部落格裡寫寫散文，聊聊自己的育兒心得。著有《舌燦蓮花定天下：張儀》、《石頭將軍：吳起》、《運籌帷幄，決勝千里：張良》、《轉危為安救大唐：郭子儀》、《東周列國志》、《馬丁‧路德‧金恩》、《麥克沃特兄弟》以及《格林兄弟》等書。

王　平

自幼愛好讀書，書中精美的插圖引發了他對繪畫的最初熱情，也成了他美術上的啟蒙老師。大學時，讀的是設計專科，畢業後從事圖書出版工作，但他對繪畫一直充滿熱情， 希望用手中的畫筆描繪出多彩的世界。個性樸實，為人熱情，繪畫風格嚴謹、細緻。繪畫對他來說，是一種陶醉和享受，希望能透過畫筆把這種感受傳遞給讀者，帶給人們愉悅和歡樂。

歷史遊戲王

為小朋友寫的中國歷史，自己就能讀

歷史學者是怎麼和自己的孩子講中國歷史呢？歷史變身為精彩刺激的故事。

文字淺白有趣，兼顧正確，難字附上注音，配合插圖帶出情境，小朋友自己就能親近歷史。

以遊戲來包裝歷史，每一本都不一樣唷

疊疊樂就像遠古先秦時代，古人創造發明文物制度，到了春秋戰國制度崩解的過程。

秦漢～南北朝各路英雄好漢搶奪大富翁地盤，歷史事件、人物如同機會、命運牌，影響歷史發展。